互联网时代英语教学与
信息技术的融合应用

张 菡◎著

中国书籍出版社
China Book Press

图书在版编目(CIP)数据

互联网时代英语教学与信息技术的融合应用 / 张菡著. -- 北京：中国书籍出版社，2023.2
ISBN 978-7-5068-9347-3

Ⅰ．①互… Ⅱ．①张… Ⅲ．①英语—教学研究 Ⅳ．① H319.3

中国国家版本馆CIP数据核字(2023)第028877号

互联网时代英语教学与信息技术的融合应用

张 菡 著

策划编辑	朱　琳
责任编辑	盛　洁
责任印制	孙马飞　马　芝
封面设计	优盛文化
出版发行	中国书籍出版社
地　　址	北京市丰台区三路居路97号（邮编：100073）
电　　话	（010）52257143（总编室）　（010）52257140（发行部）
电子邮箱	eo@chinabp.com.cn
经　　销	全国新华书店
印　　刷	三河市华晨印务有限公司
开　　本	710毫米×1000毫米　1/16
字　　数	220千字
印　　张	14
版　　次	2023年2月第1版
印　　次	2023年2月第1次印刷
书　　号	ISBN 978-7-5068-9347-3
定　　价	88.00元

版权所有　翻印必究

前言

当今时代，受互联网信息技术迅速发展与普及的影响，人们所居住的社会环境和生活、学习的方式都发生了重大的改变，传统的"粉笔+黑板"教学模式也受到了冲击。与此同时，人与人之间的交往范围也在不断扩大，来自不同国家、民族和地区人们之间的沟通与交流也越来越频繁，此时英语作为国际通用的语言是人们必不可少的交流工具，因而复合型英语人才仍然是国家和社会发展需要的人才，英语教学仍然肩负着为国家和社会培养人才的重任。现代信息技术的发展和应用为英语教学的人才培养创造了条件，提供了机遇，更为英语教育教学模式、学习模式的改革提供了新的思路。

本书共分为七章。本书首先在第一章介绍了互联网的产生与发展、信息技术的相关知识以及信息技术教育的深刻内涵；随后在第二章详细论述了英语教学与信息技术融合应用的理论依据，包括语言学相关理论、语言学习相关理论以及教育学相关理论，为随后英语教学与信息技术融合应用的探索研究奠定了基础；本书的第三章从学习者视角出发阐述了英语教学与信息技术融合应用的理念支撑，主要介绍了如何在以学习者为中心教学理念的指导下激发学习动机、关注学习风格以及培养学习策略；在前三章的铺垫下，本书从第四章正式开始了对英语教学与信息技术融合应用的探索研究，研究内容包括英语教学与信息技术融合应用的内涵、意义、目标和方法；在介绍完这部分内容之后，本书又分别从教学模式和学习模式角度出发介绍了符合互联网时代英语教学发展趋势的慕课教学模式、微课教学模式、自主学习模式、体验式学习模式等模式的理论和实践应用；由于无论是教学活动的开展，还是学习活动的进行，都需要教学评价的检验，因此本书在最后一章特别论述了英语教学与信息技术融合应用下多元教学评价体系的构建，包括多元教学评价体系构建的原则、方法等内容。

　　虽然本书在阐释和论述的过程中力求语言表达简洁，行文通顺合理，但由于作者能力有限，本书还存在诸多不足之处，有待进一步完善，因此恳请广大读者批评指正。

目　录

第一章　互联网与信息技术教育 ·· 1
  第一节　互联网的产生与发展 ·· 1
  第二节　信息技术的相关概念 ·· 8
  第三节　信息技术的本质特征 ······································· 12
  第四节　信息技术教育的内涵 ······································· 16

第二章　英语教学与信息技术融合应用的理论依据 ··············· 30
  第一节　语言学相关理论 ·· 30
  第二节　语言学习相关理论 ··· 37
  第三节　教育学相关理论 ·· 48

第三章　英语教学与信息技术融合应用的理念支撑 ··············· 51
  第一节　以学习者为中心 ·· 51
  第二节　激发学习动机 ··· 55
  第三节　关注学习风格 ··· 67
  第四节　培养学习策略 ··· 86

第四章　英语教学与信息技术融合应用的探索研究 ··············· 93
  第一节　英语教学与信息技术融合应用的内涵 ················· 93

第二节　英语教学与信息技术融合应用的意义 …………………… 95
第三节　英语教学与信息技术融合应用的目标 …………………… 103
第四节　英语教学与信息技术融合应用的方法 …………………… 112

第五章　英语教学与信息技术融合应用下教学模式的创新发展 … 125

第一节　慕课教学模式 …………………………………………… 125
第二节　微课教学模式 …………………………………………… 135
第三节　混合学习教学模式 ……………………………………… 144
第四节　大数据视域下英语教学模式的创新分析 ……………… 150

第六章　英语教学与信息技术融合应用下学习模式的创新发展 … 156

第一节　英语自主学习模式 ……………………………………… 156
第二节　英语体验式学习模式 …………………………………… 166
第三节　英语项目式学习模式 …………………………………… 172

第七章　英语教学与信息技术融合应用下多元教学评价体系的构建 …………………………………………………………… 182

第一节　英语教学评价及其改革的必要性 ……………………… 182
第二节　多元教学评价体系构建的原则 ………………………… 195
第三节　多元教学评价体系构建的方法 ………………………… 200

参考文献 ……………………………………………………………… 213

第一章　互联网与信息技术教育

第一节　互联网的产生与发展

互联网（Internet）又称因特网、国际网，是利用通信设备和线路将分布在世界各地，功能相对独立的计算机系统互相连接起来，以功能完善的网络软件实现网络资源共享和信息交换的数据通信网。互联网以互相交换信息资源，促进个体之间、集体之间的沟通与交往为目的，是一个资源共享的平台。当前互联网已成为企业、政府、研究机构、高校、个人共享信息的基础设施，也是开展各种在线教育活动的基础。

一、互联网的产生

现代计算机网络的雏形诞生于二十世纪美国和苏联的冷战时期。二十世纪五十年代末期，苏联成功发射了人类历史上第一颗人造地球卫星。美国国防部认为如果全国上下只有一个集中的军事指挥中枢，万一这个指挥中枢在战争中被摧毁，那么全国的作战指挥工作都会受到影响，这样的后果是难以承受的。为防止这样的猜想成为现实，美国必须设计出一个分散的指挥系统。这个指挥系统的特点是系统内部的各个指挥点是相互独立又互相联系的，具体而言，它们能够通过某种形式的通信网络实现联系，与此同时，当部分指挥点损坏后，其他指挥点能够不受影响地继续工作。

为了验证这一构思的可实践性，二十世纪六十年代末至七十年代初，美国高级研究计划署（Advanced Research Project Agency）出资承建了一种名为 ARPA-NET 的网络，该网络成功地将美国几个主要的军事及研究基地用计算机连接了起来，这就是互联网最早的形态。这种新型的网络具备以下几种特点要求：

第一，这种网络能够连接的计算机类型不止一种。

第二，这种网络的主要作用是通过计算机之间的连接进行数据传送。

第三，这种网络的结构设计追求简单易懂，但能保证传送数据的功能性和准确性。

第四，这种网络中不会设计特别重要的节点，以防止敌人的重点打击，所有的网络节点都是同样重要的，并且能够经得住敌人的严厉打击。

第五，这种网络在设计制造时，必须有冗余的路由。这样一来，即使网络中的某一节点或链路被破坏，冗余的路由也能代替原来的路由尽量维持通信的畅通。

在互联网刚被发明出来的时候，没人能想到它能在我们的生活和工作中发挥这么大的作用，甚至有人预言它会很快消失在历史的长河中。当时由于参加试验的人全是计算机相关领域的专业人才，都掌握了计算机复杂的命令程序，因此没有人试图改进操作页面以及操作系统。

二、互联网的发展

（一）互联网的快速发展

互联网的第一次快速发展是在二十世纪八十年代中期。当时，美国国家科学基金会（National Science Foundation）希望和高校学生与相关研究机构共同分享他们的四台计算机主机，以充分发挥这几台计算机主机的功能与效用。他们最初的想法是用现成的 ARPA-NET 将各个高校、研究所的计算机与四台巨型计算机主机连接起来，但由于取得美国军方的同意十分困难，于是他们决定自己出资建立名为 NSFnet 的广域网。最终在美国国家科学基金会的鼓励和资助下，众多高校和研究机构将自己的局域网并入到了 NSFnet 中，在 1986 年到 1991 年六年的时间内，共有 3000 多个子网并入到 NSFnet 中。

互联网的第二次快速发展体现在它的商业化进程中。在二十世纪九十年代以前，只有军事和学术研究机构拥有使用互联网的特权，商业机构被一些法律规定和传统问题阻碍了其进入互联网领域发展的脚步。这主要是因为美国国家科学基金会对互联网上的商业活动不感兴趣，对此他们还专门制订了一系列的使用说明，限制人们把用纳税人的钱建造起来的网络用于商业用途。但还有一部分机构不同意他们的做法并针对以上规定提出了异议。

1991年，对限制互联网在商业领域的发展提出异议的三家公司通用原子公司（General Atomics）、PSI公司（Performance Systems International）、UUNET通信服务公司（UUNET Technologies）成立了商用的互联网协会，宣布加入协会的用户可以把它们的子网用于商业用途。各商业机构因此获得了使用互联网检索资料、联系客户、达成合作的机会，世界各地的企业和个人用户纷纷注册使用这一网络，自此互联网发展实现了质的飞跃。到1994年年底，互联网已经通往全世界150多个国家和地区，注册用户超过3500万，成为了世界上影响最广、服务面积最大的计算机网络。1995年4月，NSFnet正式宣布停止运营，美国政府随即选择了3家私营企业来帮助推动互联网的商业化进程，至此，互联网的商业化动作彻底完成。

互联网的产生、发展和应用充分体现了现代信息技术的新特点。互联网的发展历程证明，无论在管理领域还是在商业领域，互联网都具有其不可替代的优势和作用，这其中最主要的原因就是互联网所具有的交换性、共享性、开放性、传递性等特征促进了信息的传播与流动，提高了不同个体、群体之间沟通与交流的效率。它连接的个体、群体乃至地区、国家，超越了自然条件、技术条件和人为条件的限制，达到了前所未有的和谐与统一。

（二）互联网在中国的发展

中国虽然引进互联网的时间并不算早，但经过近几十年的发展，互联网及其相关技术产业已经在各个行业和领域发挥着不可或缺的中坚作用，并且呈现出巨大的发展潜力。如图1-1所示，从1987年中国发出自己的第一封电子邮件，到2021年中国成功举办第七届世界互联网大会并引发了全球范围内的高度关注，证明了中国已经发展成为国际互联网的重要组成部分，并且中国有实力在未来将互联网及其相关技术发展得更好。

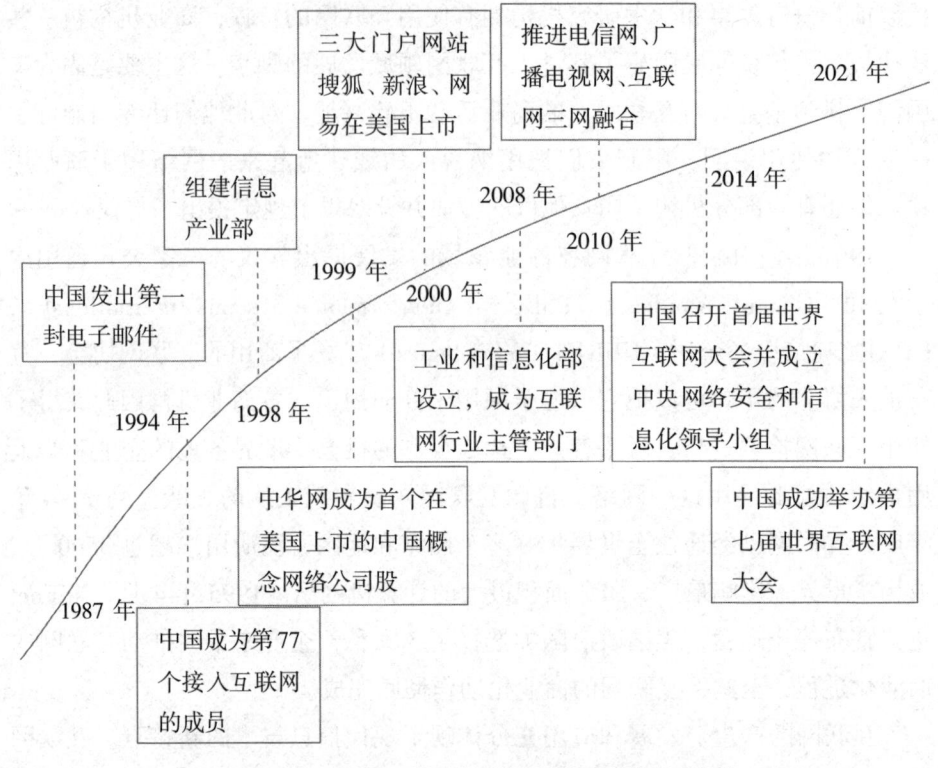

图1-1 中国互联网发展的时间历程及重要事件

1. 试验摸索阶段

中国互联网的起步较晚，一直到改革开放之后的二十世纪八十年代，中国才逐渐加入探索互联网应用的世界大家庭。在世界互联网第一次快速发展的八十年代中期，也就是1986年，中国开始了对互联网的初步探索。当时，北京计算机应用技术研究所与德国卡尔斯鲁厄大学合作启动了"中国学术网"国际联网项目；次年9月14日，北京计算机应用技术研究所使用国际互联网电子邮件节点发出了中国的第一封境外电子邮件，邮件的主题是：越过长城，走向世界（Across the Great Wall we can reach every corner in the world）。这封邮件的发出成功掀开了中国人使用互联网的序幕。

1988年，中国首个 X.25 公用分组交换网（CNPAC）建成运行，覆盖了北京、上海、广州、沈阳、西安、南京、深圳等城市。中国科学院高能物理研究所采用 X.25 协议使该单位的 DECnet 协议组合成为西欧中心 DECnet 的延伸,实现了计算机国际远程联网以及中国与欧洲、北美地区的电子邮件通信。

1989年10月,国家计划委员会从世界银行处申请了贷款,设立了"中关村地区教育与科研示范网络"学科项目,其英文名称为National Computing and Networking Facility of China(NCFC)。该项目获得了国家计委、中国科学院、国家教育委员会等部门组织的配套投资和大力支持,由中国科学院带头联合北京大学、清华大学共同实施,该项目设立的主要目标就是通过这三个院校单位的合作推进NCFC主干网和三个院校网的建设。

2. 与国际互联网接轨阶段

1991年10月,在中美高能物理年会上,美方发言人代表怀特·托基提出将中国纳入互联网合作计划的畅想。

1992年6月,中国科学院研究员钱华林与美国国家科学基金会国际联网部负责人讨论中国接入互联网的问题但被告知有政治障碍,因而没有成功。

1993年6月,中关村地区教育与科研示范网络项目研究组的专家们在INET'93会议上重申了中国接入互联网的要求,会议结束后,钱华林研究员参加了洲际研究网络协调委员会(Coordinating Committee for Intercontinental Research Networking)会议,其中与会人员专门就中国是否能接入互联网的问题进行了讨论,该问题得到了大多数与会人员的支持。

1994年4月,中国科学院专家组前往美国华盛顿参加中美科技合作联委会,会前,中国科学院副院长胡启恒代表中国向美国国家科学基金会重新申请了接入互联网的资格要求,得到了认可。随后中科院高能所实现了与互联网的全功能连接,中国被国际社会承认为真正拥有全功能互联网的第77个国家。

3. 起步发展阶段

在全面接入互联网之后,中国开始建设属于自己的信息高速公路,其中四大互联网主干网的相继开通使用,体现了中国渴望发展互联网、与国际社会发展接轨的决心和行动。四大主干网分别是:

(1)中国科技网(CSTNET)。1989年8月,中国科学院承担了中关村地区教育与科研示范网络(NCFC)——中国科技网前身的建设工作。经过七年的建设与完善,中国科学院将以NCFC为基础发展起来的中国科学院院网命名为"中国科技网"。现如今，中国科技网已经成为中国互联网行业的一支中坚力量，能够为网站用户提供互联网接入与运营维修、网络安全管理等基础性服务以及各种会议系统、邮件系统、科研主页等应用服务。

（2）金桥信息网（CHINAGBN）。金桥信息网也称国家公用经济信息通信网，现由中国信息产业部负责运营管理。金桥信息网于1994年开始建设，两年后正式开通。金桥信息网是"天地一体"的网络结构，各种网络在同一网管系统下实现了互联互通，并且体现出相互补充、相互备用的特点。金桥信息网还支持各种信息应用系统和服务系统，为推动我国电子信息产业的发展创造了有利条件。

（3）中国公用计算机互联网（CHINANET）。中国公用计算机互联网又称中国宽带互联网，原由中国邮电部门经营管理，于1995年建成。中国公用计算机互联网以现代化的中国电信为基础，凡是可通电信网的城市都可以通过该网络接入互联网，享受互联网服务。

（4）中国教育和科研计算机网（CERNET）。1994年，中国教育与科研计算机网在国家教育委员会的主持下正式立项。中国教育和科研计算机网建设的目标是利用先进的计算机技术和信息技术实现校园内的教育资源共享和教育资源统一管理，并连接国际学术计算机网络，获取国际教育信息和资源。

4. 蓬勃发展阶段

二十世纪末期，互联网的商业化价值逐渐被开发出来。伴随着互联网的商业化发展趋势，人们开始将互联网应用到社会建设发展的各个领域，如航空航天、广告策划、化学工程、通信工程、财务贸易、咨询行业、服务行业等。尤其自2003年电子商务模式创建以来，电子贸易模式深刻影响了传统的商业活动模式，其提供的便捷的宣传模式和在线销售渠道改变了社会生活中的产业秩序和技术格局。总而言之，中国逐渐进入开放性的商业化网络阶段。

进入二十一世纪，中国的互联网行业进入了空前活跃期，互联网信息技术不断创新，互联网应用的广度和深度也在不断扩展。虽然经历了2000年互联网泡沫的冲击，但以短信沟通、音乐下载等服务为主的门户网站的崛起还是带来了第二次互联网发展的浪潮：

2001年盛大公司推出传奇网络游戏；

2005年百度纳斯达克上市股价飙升，成为自2000年以来中国互联网企业海外上市最大兴奋点；

2009年新浪集团开始内测新浪微博；

2011年腾讯公司推出提供即时通讯服务的微信，截至2021年9月，微信及WeChat的合并月活跃账户数为12.626亿；

2014年11月，首届世界互联网大会在中国乌镇举行，吸引了来自世界各国、各地区的政治要员、企业领导人、网络精英等互联网从业人员和技术专家。此次大会充分体现了中国在国际互联网行业的重要地位，向世界展示了中国互联网发展的理念和成果，为全球网络界的领军人物搭建了互相交流、合作的平台。

2015年至2019年期间，一年一届的世界互联网大会均在中国乌镇举行，中国乌镇是中国的历史文化名镇，在此举办世界互联网大会旨在让世界最先进的文明成果与历史悠久的中国传统文化交相辉映、擦出火花。

2021年9月26日，世界互联网大会乌镇峰会如期举行，此次峰会的主题是：迈向数字文明新时代，携手构建网络空间命运共同体。与会人员表示，要携手构建新时代网络空间的命运共同体，要从以下三个方面入手：首先要继续建设数字文明，加强不同企业之间的互联互通；其次要加强网络安全，尤其是数字安全的保障；最后要努力实现"碳中和、碳达峰"的战略目标。

回顾中国互联网行业的发展历程，我们遇到了很多挫折和挑战，也取得了十分显著的成就，发展速度之快令全世界称奇。互联网信息资源与信息技术是推动互联网行业发展以及社会建设发展的重要动力。互联网的信息资源丰富多彩，涉及各个行业领域；互联网的信息技术更是影响重大。接下来，我们就介绍一下信息技术的相关知识。

第二节　信息技术的相关概念

当今时代是信息技术飞速发展的时代，信息技术已经渗透到社会建设和发展的各个行业领域，并逐渐发展成为人们认识、理解世界和人与人之间相互交流的一种方式。信息技术发展过程中的每一次创新都会影响人们以往的生产或生活方式，当人们对信息技术的理解和掌握逐渐形成个体日常生活的经验，并改变个体生存发展的方式时，便产生了信息技术引发教育革新的可能性。本节首先围绕信息技术的相关概念展开论述。

一、信息技术的含义

信息技术的发展推动着经济结构和社会结构发生深刻的变革，为社会生产力的发展注入了新的动力。那么，到底什么是信息技术呢？接下来我们从广义和狭义两个角度出发认识信息技术的含义。广义上的"信息技术"指的是用于管理和处理信息的各种技术的总称，也就是有关数据与信息的应用技术，包括一切传感技术、通信技术、计算机技术以及控制技术等。从狭义的角度分析，信息技术的功能与特点可分为以下四类：

（一）ICT 技术

信息技术也可以称为"信息和通信技术"（Information and Communication Technology，ICT），它主要是应用计算机科学和通信技术来设计、开发、安装和实施信息系统及应用的软件，主要包括传感技术、计算机技术和通信技术。

（二）3C 技术

信息技术也可以称为"3C 技术"，即计算机技术（Computer）、通信技术（Communication）与控制技术（Control）的结合。

（三）C&C 技术

信息技术是指利用电子计算机技术和现代通信系统获取、传递、处理、显示、分配所有形式信息的技术。也就是通常所说的"C&C"（Computer and Communication）技术。

（四）应用管理技术

最后，信息技术还可以指应用管理技术，并在科学、技术、工程的原则下实现信息的控制、处理和交流以及人与计算机的互动。

根据以上定义可知，信息技术的核心是电子计算机技术，信息技术的两大支柱是现代计算机技术和通信技术；而传感技术、通信技术、计算机技术和控制技术是信息技术的四大基本技术；电子计算机技术在其他类型技术以及工具的共同作用下，能实现信息的获取、处理、传递、存储、转换和交流等。

二、信息技术的组成元素

信息技术是为人类的生产和生活服务的，是为了方便人类认识和理解这个世界，以赢得更多生存条件和发展机会而发明创造的。从这个角度分析，信息技术是为了发挥或增强人类信息器官的功能而存在的，这也是信息技术存在和发展的最根本的意义。人类的信息器官可分为以下四类：

第一类，感觉器官。例如视觉器官眼睛、听觉器官耳朵、嗅觉器官鼻子、触觉器官皮肤等，这些器官的主要功能是帮助人体感知信息、获取信息。

第二类，传导神经网络。传导神经网络又分为导入神经网络、导出神经网络以及中间传导神经网络等。传导神经的功能是传递信息，通过导入神经网络把感觉器官获得的信息传送给思维器官；通过导出神经网络把思维器官加工出来的信息传送给各种效应器官或某种内部器官。

第三类，思维器官。思维器官主要是指具有记忆、联想、推理、分析等功能的器官，其主要功能是加工信息和再生信息。

第四类，效应器官。效应器官包括操作器官（手脚）、行走器官（腿）

和语言器官（口）等。其主要功能是施用信息。

因此，与人类的信息器官相对应的，信息技术也包括获取、传递、加工、再用和施用等功能。由此可以推测出组成信息技术的四项基本元素：感测技术、通信技术、计算机和智能技术以及控制技术。

（一）感测技术

感测技术发展了人类的感觉器官功能，感测技术主要包括传感技术、遥感技术、测量技术等。

（二）通信技术

通信技术发展了人类的传导神经网络功能。这种技术最大的优点在于帮助人们突破空间的限制，更高效地传递和分配信息。例如智能手机的在线视频、音频技术。

（三）计算机和智能技术

计算机和智能技术模仿并发展了人类思维器官的功能。这种技术是计算机技术和人工智能技术的结合，能帮助人们加工信息和再生信息。尤其是人工智能技术最具代表性的领域是专家系统和机器人。目前人类研制成功的机器人已经可以代替人在危险的环境下进行作业；另一个计算机智能化的例子是运算速度每秒约十亿次的"深蓝"计算机在1997年战胜了国际象棋世界冠军卡斯帕罗夫。

（四）控制技术

控制技术发展了人类的效应器官功能。它可以通过输入指令实现对外部事物运动状态的干预，也就是具有信息施效功能。

信息技术四项基本元素之间既相互独立又有机结合，以整体的形式共同拓展人类的认知能力。具体分析，通信技术、计算机和智能技术是信息技术存在的基本意义；感测技术和控制技术是联系信息技术与外部世界的纽带，感测技术帮助人类感知信息，是信息的来源，控制技术帮助人类控制信息的动作和去向，是信息的归宿，这两项技术是信息技术实现基本作用的前提。

信息技术四项基本元素之间的关系和各自的功能如图1-2所示：

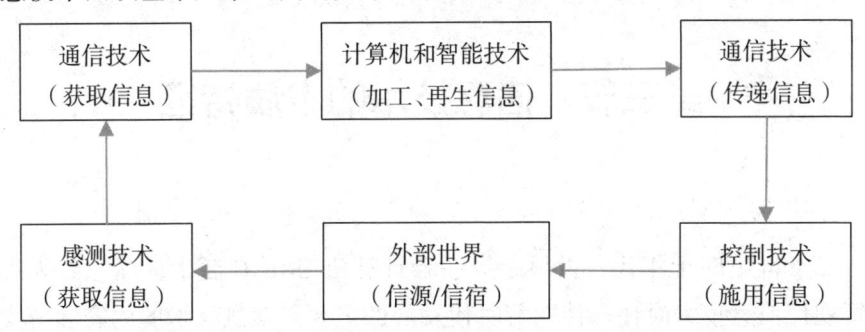

图1-2　信息技术四项基本元素之间的关系及其功能

除此之外，信息技术体系之中也包含四项基本层次，即应用技术层次、主体技术层次、支撑技术层次和基础技术层次。如图1-3所示，这四项基本层次之间是相辅相成、互相促进的关系，基础技术和支撑技术的发展能够为主体技术的发展创造必要的物质条件和技术条件，其发展的最终结果就是为社会提供更好的应用信息技术；而应用技术的发展能促进信息技术在不同行业领域的实际应用，刺激社会对信息技术的需求，为主体技术的进一步发展提供动力。

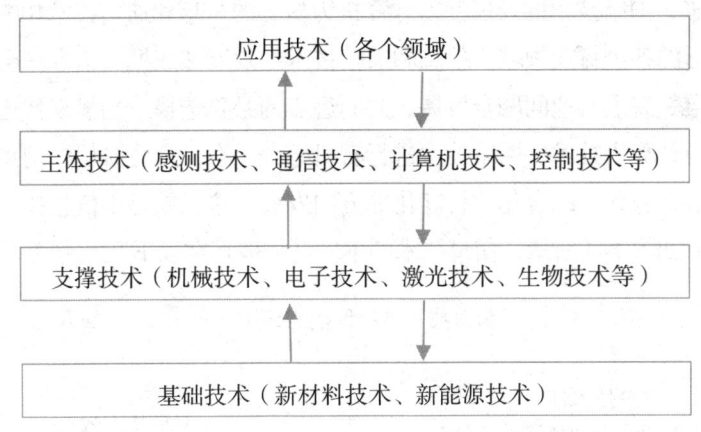

图1-3　信息技术的四项基本层次之间的关系

总而言之，在当今社会中，信息技术已经成为发展最迅速、应用最广泛、影响最深远的技术领域之一。它在改变人类生产方式、生活方式和生活结构的同时，对人类教育教学工作的开展也产生了重要的影响。

第三节 信息技术的本质特征

二十世纪四十年代，世界上第一台计算机 ENIAC 诞生，标志着人类进入了现代信息技术时代。伴随着时代发展的需要，信息技术的内容和分类也在不断的发展和丰富。其中不仅包括计算机技术、通信技术，还包括网络技术、多媒体技术、人工智能技术等。

其中多媒体技术兴起于二十世纪八十年代末期，并于九十年代开始迅速发展。多媒体技术更新了信息传播的方式，增加了信息交流的途径。它通过丰富的文字、音频、视频等资料以及专业的系统设计为开展人机互动提供了条件。与此同时，多媒体技术还实现了计算机与多种家用电器，如录音机、录像机、电视机之间的信息管理与控制，使这些家电增添了语音化、自动化、智能化的功能特征，为人们的生活提供了便利的条件。

近年来，网络技术的发展使以计算机为核心的信息和通信技术相继应用到人们生产生活的各个行业领域。信息和通信技术的发展和成熟是当今社会发展的必然趋势，也是满足行业间融合发展、共同进步的必要选择。当然现代通信技术的发展需要与计算机技术、网络技术进行有机结合。在信息化时代，信息技术必然会向着更加普遍化、综合化、智能化的方向发展。这主要是由信息技术的本质特征决定的。如图 1-4 所示，信息技术的本质特征体现在以下几个方面。

信息技术是高科技的结晶

信息技术领域竞争十分激烈　　　　信息技术具有短周期效应

信息技术的研发具有高风险　　信息技术的发展需要高投入

图 1-4　信息技术的本质特征

一、信息技术是高科技的结晶

事实证明，信息技术的产生需要大量的科学知识和技术背景，只有将知识和技术进行严密的结合，才能推动信息技术的进一步发展。大量掌握信息知识和信息技术的高精尖人才夜以继日地开展着对信息产品的研究与开发，他们之间存在着竞争与合作的关系。信息产品是信息技术含量很高的产品，是信息劳动的结晶，常见的信息产品有电子计算机、智能手机、摄像头、数码相机等。在信息类人才坚持不懈的努力下，信息技术产品的速度越来越快，容量越来越大，新的信息产品不断被研发出来，并且周期越来越短。

在互联网快速发展的时代背景下，科技领域各个层面的发展都离不开信息技术的支持与应用，例如新能源科技、航空航天科技、环保科技、人工智能科技等；其他类型的科学研究也与信息技术的发展息息相关，它们大都是通过信息技术完善现有的研究方法和研究手段，以促进自身的快速发展。随着互联网和通信技术的发展和普及，信息技术在人类生产生活中应用的范围远远超过了其他科技成果。

由此可见，信息技术是当今科技发展的结晶，信息技术的发展水平体现着人类认知和探索世界的水平，信息技术人才不仅代表着先进的生产力，还在很大程度上决定着社会生产工作的效率。除了科技领域的人才专注于信息技术的研发之外，其他相关领域的研究也在为信息技术的发展提供新的方法和途径。信息技术的研究不仅能促进科技领域的发展，还给人们的生产生活创造了便利。

二、信息技术具有短周期效应

信息技术的短周期效应主要体现在：信息技术的发展水平越高、发展速度越快，信息产品更新换代的周期就越短。研究信息产品的发展历程可以发现，在以前，信息产品的生命周期比较长，一件信息产品人们可以使用十几年或者几十年的时间，但当下由于信息技术的不断更新，信息产品的生命周期大大缩短，一件信息产品人们可能用几年甚至几个月就淘汰掉了。

具体分析，信息产品更新换代速度快的原因主要体现在两个方面，一个是主观方面，一个是客观方面。主观方面的原因又可以分为两点，一是在开发信息产品的初期阶段，信息技术人才可以通过互联网以及其他技术手段获取自己所需要的知识、技术，然后在发挥自身创造力和技术能力的同时提升产品开发的进度；二是在信息产品的批量生产阶段，信息技术提供了现代化的生产手段，如智能化管理系统、机器人分拣作业等技术缩短了产品生产的时间。客观方面的原因在于信息产品市场竞争环境的要求。现代信息产品市场的环境决定了生产周期短的产品更具有竞争上的优势，更有机会收获新的客户群体。

三、信息技术的发展需要高投入

信息技术的主要内容包括信息的采集、存储、加工、传递、维护等，在处理信息的过程中需要用到计算机技术、通信技术和微电子技术等专业技术。信息技术研究与开发的每一个环节都需要投入大量资金，从而支持整个项目的研发。信息技术的高投入通常涉及以下三个方面的费用：配置精密仪器、消耗尖端材料、复杂的开发活动。

根据相关数据统计，很多国家和地区都不吝惜在信息技术研发方面投入的人力、物力和财力，尤其在费用方面，很多信息类机构或公司所投入的费用都占到了销售额的 5% 到 15%，这是其他行业领域投入费用的两倍以上，而美国的国际商业机器公司（IBM）更是将公司营业额的 18% 都投入到了信息技术的研发流程。我国也十分注重信息技术的创新投入，在"2020 中国 IT 服务创新大会"上，中国电子工业标准化技术协会信息技术服务分会执行会长周一兵表示，基于现在中外核心技术竞争激烈、我国部分信息产品产能受制约的情况，为了将来不受国外信息公司的制约，预计我国"十四五"时期在 IT 等信息技术应用创新方面的投入将至少超过 1 万亿元。

四、信息技术的研发具有高风险

信息技术研发的高投入特征并不能保证研发成果的成功，研发有失败的可能性，因此，信息技术的研发具有高风险特征，这主要体现在以下三个方面。

首先，信息技术的研究具有不确定性。例如，构建信息技术公司的管理信息系统需要投入数百万甚至几千万元的资金，同时还要根据信息流动的规律，结合每个部门的岗位需求与实际情况，设计和制作出适合本公司的信息管理软件系统。然而企业本身具有的不稳定性特征往往带来数据的更新和多变，这些不利因素可能导致信息管理系统不同程度的受损或崩溃。

其次，信息技术从设计、开发到研制成功的可能性很小。根据现有资料显示，信息技术领域中新产品研发成功的概率只有百分之三；其他没有研制成功的产品项目所投入的资金就等于浪费了。

最后，信息产品受市场变化的影响，回报波动比较大。大规模集成电路制造企业的成立在促进巨额成本生产的同时还淘汰了很多旧产品的制造企业。从企业发展的角度分析，当今社会信息技术类企业要比其他类型的企业更难生存。因此，信息技术所具有的高风险性给企业带来了新的经营形式，即风险投资。

五、信息技术领域竞争十分激烈

在互联网经济高速发展的今天，信息技术是劳动生产力水平的重要反映，信息技术不仅能体现一个企业的发展水平，还能反映出一个国家的综合国力，因而信息技术的发展水平是企业和国家关注的重点问题之一。与传统发展模式道路相比，信息技术的发展模式重点在于如何掌握和利用高水平的信息技术。

伴随着互联网技术、通信技术的发展，全球各地的信息流量迅速增加。这些信息流量给计算机和网络运营在存储、加工、传递信息时造成了巨大的压力。如何处理和使用这些信息也是信息技术研究的问题。总而言之，世界各国、各地区都将信息技术当作参与国际竞争的关键手段，各个国家和地区在人才、贸易、投资、管理、资源等方面的竞争都离不开信息技术的发展和支持。因此，信息技术的竞争在国际上形成了美国、日本、俄罗斯、欧盟及发展中国家多元并举的格局。

第四节　信息技术教育的内涵

在互联网时代背景下，信息技术正在逐渐改变社会物质生产的方式以及人们沟通、交流的方式，信息技术在促进社会物质生产方式向现代化方向发展的同时，也在向其他行业领域进行渗透，教育就是其中一个领域。在我国，为推进信息技术与教育教学的深度融合，提升高等学校信息化建设与应用水平，教育部特于2021年3月印发了《高等学校数字校园建设规范（试行）》（简称《规范》）。

《规范》明确了高等学校数字校园建设的总体要求，提出要围绕立德树人根本任务，结合业务需求，充分利用信息技术实现高等学校在信息化条件下育人方式的创新性探索、网络安全的体系化建设、信息资源的智能化联通、校园环境的数字化改造、用户信息素养的适应性发展以及核心业务的数字化转型。

由此可见，信息技术教育的优势已经被国家认可，信息技术教育未来发展的目标已基本确定，框架也已初步形成。本节将从信息技术的四个层面出发，对信息技术教育的内涵，即信息技术在教育教学中的应用展开分析和探讨。

一、教育中的计算机技术

关于计算机技术在教育中的应用，主要体现在三个方面，即计算机辅助学习、计算机辅助教学和计算机辅助教学管理。

（一）计算机辅助学习

计算机本身具有多重功能，能够用来帮助学习者开展学习，例如计算机可以用来查找资料、整理资料、进行数据计算、分析和统计等。具体分析，学习者可以使用计算机开展以下学习活动。

（1）搜索、查找和获取与学习内容相关的信息资料，并进行存储。

（2）对于获取到的信息进行整理、分类、加工和处理。

（3）利用计算机技术设计并绘制图形、制作幻灯片、音频、视频等对主题的内容进行展示。

（4）计算机上可以安装和下载一些工具性的学习软件，例如字典、词典、翻译软件、绘图软件、排版软件等。

（二）计算机辅助教学

计算机具有辅助教学的功能，这主要是因为计算机具有计算准确、判断快速、容量大和呈现信息生动形象的特点。因此，计算机可以辅助教师传授教学知识和教学技能，提高学习者的学习兴趣，激发他们学习的主动性和积极性，以及帮助他们开展练习、复习学到的知识、技能，提高他们对知识的理解和应用能力。目前，信息技术领域的教育教学工作者已经研发出计算机辅助教学的多种课件类型，最常见的有对话型、练习型、模拟型、辅导型和游戏型等。在当前的教育教学实践活动中，交互式多媒体和智能计算机辅助教学是计算机辅助教学发展的主要趋势。

（三）计算机辅助教学管理

教师在教学过程中使用计算机开展教学管理的行为活动可以从广义和狭义两个角度出发进行理解。

从广义角度出发理解，计算机辅助教学管理的内容是丰富多样的，计算机的各项功能都可以服务于教学管理。例如，教师可以使用一些常见办公软件如word、WPS制作一些文档、表格来记录和分析学生的学习情况和其他在校表现，或者利用计算机的通信功能和教学系统开展课外活动，收集反馈意见。

从狭义角度出发理解，计算机辅助教学管理的表现在于教师利用计算机管理技术或软件对学生的学习表现进行记录和监督，并对实际教学效果（例如学生成绩）进行统计、分析和改进等。在教学管理工作中应用计算机技术能有效提高教师的工作效率，帮助教师将更多的精力放在安排教学活动、关心学生学习成长以及开展学科教学研究上，进而提高整个教学队伍的素质能力，提升教学水平。

二、教育中的多媒体技术

（一）多媒体技术的含义

"多媒体技术"一词中的"媒体"指的是信息的表现形式或者传播模式。而由于在大千世界中，信息的表现形式不止一种，且形式差别很大，因此便产生了"多媒体"一词。从字面意思理解"多媒体"是指两个或两个以上的信息媒体组合而成的单一产品或信息呈现系统。这意味着，多媒体能将信息通过多种感官渠道传递和表现出来。近几年来，很多专家学者对多媒体技术应用于教学实践的理念和行为进行了系统的分析和讨论，并创建了多媒体教学的教学模式。

（二）多媒体技术在教育中的应用

1. 多媒体英语教学的优势

在高校英语教学的过程中开展多媒体教学主要有以下三个方面的优势：

（1）能够展示多样化的教学内容。在开展高校英语教学活动的过程中使用多媒体技术最直观的作用就是方便展示英语教学多样化的教学内容。当今时代，虽然国内各大高校选用的英语教材各不相同，但这些教材都体现出一个显著的特点，那就是取材广泛、内容丰富、题材新颖，尤其会涉及很多英美国家的社会文化背景知识，例如政治、经济、宗教、风俗习惯等文化背景知识，甚至还会涉及一些科学知识和专业领域知识（例如克隆知识、人工智能）。使用多媒体教学，可以将这些文化知识直观且形象地呈现出来，使学生对所学内容的背景知识有所了解，从而更好地理解教材的内容、学习的内容。与此同时，学生还能了解英美国家的语言文化、风俗文化，了解中西文化方面的差异，进而理解汉语和英语的异同，提高英语水平。

（2）能够改变程式化的教学模式。内容多样、设计合理的多媒体教学，可以为学生的英语学习创设一个良好的学习环境，在这一环境中，图像、文字、声音构建出一个立体的三维空间，方便学生依据不同层次参与教学活动。并且由于改变了程式化教学模式中教师是主体的教学理念，多媒体教学可以很好地激发学生的学习主动性和积极性,提高他们对英语学习的兴趣。大量直观的、有声的、动态的课件内容,将英语语言符号与相应的使用方法同步传授给学生,有利于加深学生对所学知识的应用理解。

(3)能够体现学生为中心的教学理念。与此同时,英语教师还可以根据学生在课堂上的反应和表现,调整多媒体教学课件播放的速度,了解学生希望掌握的教学重点、难点。由于教师了解了学生学习的速度,因而可以据此安排教学重点和教学进度。通过学生不断反馈的听课体验,教师还可以调整教学过程、重新选择教学方法,最大限度地发掘自己的教学潜能,这些都是"以学生为中心"教学理念的体现。

2. 多媒体英语教学的原则

英语教学与信息技术的融合应用为教师提供了新的教学模式和教学方法,有助于提高学习者学习英语的积极性与主动性,提高英语综合运用能力。因此,与传统教学模式相比,多媒体教学具有显著优势。但任何教学活动的开展都需要正确的教学理念作指导,否则就无法实现既定的教学目标,甚至适得其反,事倍功半。因此在多媒体环境下开展英语教学必须遵循一定的教学原则。

(1)兴趣性原则。多媒体英语教学的实施首先要遵循兴趣性原则。常言道:兴趣是最好的老师。学生对学习的兴趣可以使学生积极、主动地去学习、去探索未知,最终获得较好的学习效果。而多媒体环境下高校英语教师要激发学生学习英语的兴趣,可以从以下几个方面出发:

其一,充分了解学生的身心特点,尊重学生的主体性。在任何时候,学生都是教学活动的主体,是整个教学过程的核心承载者。高校英语教学要充分研究学生的生理和心理特征,遵循语言教学的规律,利用多媒体教学模式,帮助学生在学习中掌握英语的听、说、读、写技能,采取多种活动方式培养学生的英语语感、提高学生的英语交际能力。

其二,挖掘教材中的兴趣点,将其制作成多媒体课件。教材是英语教学的核心内容,教材内容是学生必须要掌握的语言知识技能。教师要充分研究教材内容,结合学生的学习兴趣,挖掘教材中会引起学生兴趣的知识点,搜集、整理相关资料,把这些内容制作成多媒体课件的形式,向学生进行展示,争取让每一节英语课都是新颖的、充满挑战的、都能有让学生感兴趣的内容和活动。

其三，注意观察和发现学生感兴趣的话题，进而通过整理和归纳把这些话题作为设计多媒体教学互动的真实素材。例如，在教英文的计数方法和计数规则时，教师可以发挥多媒体教学在创设言语表达情境方面的优势，为学生模拟真实的言语交际情境，请学生整理和展示自己生活中有关数字的知识，例如自己的手机号码、身高、年龄、衣服尺码、饭费、生活费等，这样一节枯燥的数字课就变成了学生分享生活、分享快乐的一节课，学生在欢声笑语中更提高了学习的效率和学习英语的兴趣。

（2）交际性原则。交际性原则也是多媒体英语教学需要遵循的重要原则之一。这是语言教学的性质决定的。交际是在特定语境中说者与听者或者作者与读者之间的意义传递与转换，而语言是人们进行交际的重要工具，人们利用语言来传递信息、交流思想、分享情绪。英语作为一种国际化的语言，是我们应该学习和掌握的对象。也就是说，学习英语的首要目的就是发挥英语的交际作用，因此英语教学的首要目标就是培养学生的交际能力。交际能力的核心就是人们能够利用自身掌握的各种语言知识和交际知识在不同的场合背景下与不同的对象展开有效的、得体的交际。

基于以上分析，多媒体英语教学应在教学过程中贯彻落实交际性原则，最终实现学生能用学到的英语知识与人顺畅交流的教学目的。为此，教师应做到以下几点：

第一，充分了解英语课程的性质。

在传统的教学观念中，英语课程是一门需要学生掌握很多英语词汇和语法规则的语言学习课程，学习该课程的主要目的是应对教育部规定的学科考试。但事实上，英语课程首先是一门技能培养类的课程，掌握了英语就是掌握了一项语言技能，要把英语作为一种有效的交际工具来教、来学、来使用。在多媒体教学活动开展的过程中，教师的教、学生的学以及英语的使用三方面是一个相辅相成、不可分割的统一体，这个统一体的核心在于英语的使用。因此，教师要转变传统的教学观念，树立科学的教学观念，了解课程的性质，无论采用何种教学模式，都要注意培养学生的交际能力，这才是落实交际性原则首先要解决的问题。

第二，创设交际情景，在情景中教学。

交际活动的进行需要特定的情景为背景，构成情景的基本要素主要包括时间、地点、参与者、交际方式等，一般在特定的情景中，交际发生的时间、地点以及参与者本人的身份都会影响参与者说话的内容、语气等谈话因素。因此在开展多媒体英语教学的过程中，教师一定要将教学内容安排在一种现实的、有意义的情景之中。这样才能更好地发挥英语的交际作用，并且也会让学生有一种身临其境的感觉，从而提高他们学习英语的兴趣。总而言之，教师要想办法根据教学内容，充分利用学校提供的多媒体教学设备，创设出与日常生活息息相关的各种情景，开展具有交际性、真实性的英语交流训练活动，这样不仅能调动学生学习的积极性和主动性，还能做到学用结合。

第三，注意培养学生有效交际的能力。

传统的英语教学只强调英语学习中语法结构的正确运用，而当前英语教学的主要目标是培养学生进行有效交际的能力。而根据交际性原则，良好交际能力的体现就是参与者在交际活动中能在适当的场合、合适的时间、以恰当的表达方式表达出自己内心的想法。这一要求与第二点要求有着紧密的联系。教师只有不断地创设情景，组织学生学习多方面的交际知识，开展多方面的交际活动，例如角色扮演、话剧表演、影视剧台词配音等，才能帮助学生轻松应对各种场景，从而掌握地道的英语。

第四，注意教学内容和教学活动的真实性。

语言的产生与发展与人们的现实生活密切相关，因此教学内容的确定和教学活动的设计必须贴合人们的现实生活。在多媒体英语教学中，要把英语这一语言的传授和学生关心的热门话题结合起来，要把一些题材广泛、内容丰富、贴近生活的信息材料融入多媒体教学内容中。与此同时，教学内容的真实性还要求教材中的语言和教师的课堂语言是真实的，也就是说以上两种语言应是实际交际过程中会使用到的语言，而不是专门为了教学活动编创的语言。

（3）输入输出原则。输入和输出原则与英语学习中"听说读写"技能的培养密切相关。其中，"输入"是学生学习和掌握英语语言材料的过程，这一过程主要依赖"听"和"读"完成；"输出"是学生表达已掌握的英语语言材料的过程，这一过程主要通过"说"和"写"完成。很显然，输出行为建

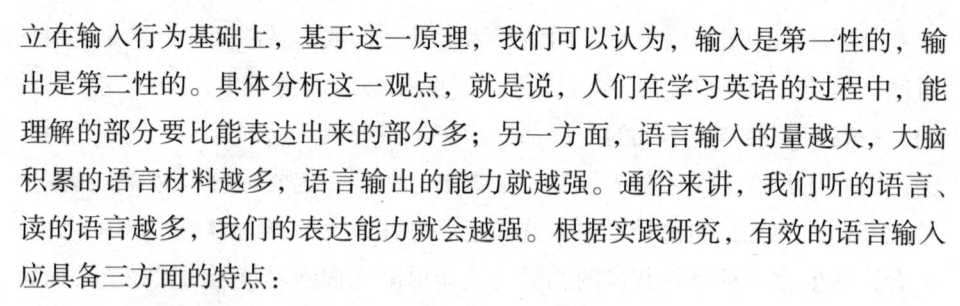

立在输入行为基础上，基于这一原理，我们可以认为，输入是第一性的，输出是第二性的。具体分析这一观点，就是说，人们在学习英语的过程中，能理解的部分要比能表达出来的部分多；另一方面，语言输入的量越大，大脑积累的语言材料越多，语言输出的能力就越强。通俗来讲，我们听的语言、读的语言越多，我们的表达能力就会越强。根据实践研究，有效的语言输入应具备三方面的特点：

第一，可理解性。

可理解性是指学生输入的语言信息都应是能被学生理解的，如果学生不能理解，那么这些输入就好比"对牛弹琴"，是不容易被记忆和应用的。

第二，趣味性或恰当性。

趣味性或恰当性是指学生输入的语言信息应该是让学生感兴趣的内容，只有让学生感兴趣的语言信息才能让学习者乐于学习、才能让学习者尽快接受并记住相关信息内容。

第三，足够多的输入量。

语言的习得需要大量的练习和应用。学生只依靠课上时间教师组织的练习活动是无法掌握新的语言知识的。实践证明，学生要掌握一个新的语言知识点，需要数小时的练习以及充分的讨论才能完成。

教师在英语教学的过程中要遵循输入和输出原则可以从以下几个方面入手：

第一，扩大学生的英语接触面。

为增强对学生英语语言的输入，教师要利用视觉、听觉等手段，为学生提供各种类型的输入途径，扩大学生的英语接触面。例如在教学过程中利用多媒体音像材料示范英语的发音、朗读技巧，或者为学生播放一些贴近学生日常学习、生活的影像资料等。

第二，利用好学生的理解能力。

教师应利用学生的理解能力扩大学生的语言输入量。只要学生能理解的信息，就让他们听，让他们读，让他们接触。而且，为减轻学生的输入压力，还可以只要求学生理解，而不强制要求他们用说或写的方式将输入的信息表达出来。

第三，注意输入内容和输入形式的多样化。

学生接触的英语不应只是教材上的文字题材，而是要追求有声音、有图像，而且涉及的题材和体裁不是一成不变的，而是涉及生活中的方方面面，这样才能激起学生学习英语的兴趣。多媒体技术为学习者的英语学习提供了全方位、多感官的信息输入，使学习者在一个立体的语言学习环境中逐渐提高自身的英语语言水平和英语综合应用能力。

第四，注意输入与输出相结合。

一门语言的习得仅仅依靠大量的输入是不行的，因为语言的主要功能是交际功能，语言最终是要在交际活动中输出的。学习英语也是同样的道理，学生要想真正的掌握英语、具备灵活运用英语的能力，不可能只依靠单方面的输入，还要通过口头和笔头的表达来检验输入和理解的成果。具体来说，就是要在增加可理解输入量的同时，不断开展有效的练习和实践应用活动。比如多媒体英语教学能够利用多种多样的信息媒体，通过立体交叉的训练方式，在遵循输入与输出相结合的原则下，多方面地培养学生的语言能力，实现英语教学效果的最优化。

3. 多媒体教学资源的开发与运用

（1）多媒体教学资源的概念。多媒体教学资源是现代教学资源的重要组成部分，广义上的多媒体教学资源以计算机技术为主导，包括多种媒体教学方式：一方面，教学主体，即学生，可以借助多媒体光盘和网络教学资源获得学习资源；另一方面，教师也会在教学活动中发挥和融合例如幻灯片、电子白板、网络视频等在内的多种媒体的特点和优势，构建一个真正意义上的立体化教学资源体系。

具体分析，多媒体教学资源就是一个资源库，这个资源库的不同之处在于使用现代教育技术作为一种先进的获取资源的手段。多媒体教学资源集文字、声音、图像、视频等多种媒体为一体，体现了多媒体教学直观、形象、多样、新颖、有趣的特点。根据教学目的、教学要求和教学内容，多媒体教学资源为教师开展教学创设了声像同步的教学情景、接近真实的教学环境、轻松愉快的教学气氛，使学生能较快地进入学习状态，提高学习的积极性和学习的效率，同时开拓了学生的大脑思维，提高了学生的观察能力、想象能力和创造能力。

（2）多媒体教学资源在高校英语教学中的开发运用。多媒体教学资源在高校英语教学中的开发运用离不开学校和教师的共同努力，其中，高校英语教师在开发和运用多媒体教学资源辅助英语教学活动的过程中需要做到以下两点：

第一，加强开发多媒体教学资源的意识。

高校英语教师应树立起全面的多媒体教学资源意识。多媒体教学资源是一个全方位、多层次的概念，它不仅包括多媒体课件、配套光盘、音频，还包括语音训练室、英文歌曲、英文影视资源、英文新闻杂志、英文综艺节目等多媒体教学资源。

加强英语教师多媒体教学资源意识的另一有效途径就是提高他们的电脑操作技术和应用技术。高校英语教师多媒体教学资源开发利用的意识受他们掌握的信息技术、电脑操作技术、专业技能的影响较大。所以各大高校应制订相关培训计划，对高校英语教师开发运用多媒体教学资源的能力展开统一的培训。具体来讲，首先要对英语教师进行教学媒体数字化处理方面的培训，这是他们需要掌握的最基础的多媒体知识技能，在开展培训的过程中，要考虑不同年龄阶段、不同层次水平教师的差异，最好分批次培训；其次要对英语教师的媒体素材和课件开发技术以及课件制作软件的使用技术进行培训。一般通过以上两种培训就能有效提高英语教师检索、编辑、处理、融合各种多媒体教学资源的能力，提高他们开发和利用课件制作软件的能力，进而加强他们开发和使用多媒体教学资源的意识。

第二，提高开发多媒体教学资源的水平。

英语教师在开发和使用多媒体教学资源的过程中会遇到资料丰富多样、难以割舍的问题，此时英语教师需要做的就是根据教学目标删繁就简，删选出最合适、最有教学价值的材料，其他这次用不上的，但是质量较高的材料可以先保存起来，供今后的教学使用。英语多媒体教学资源的开发和利用最终是为英语教学工作的开展服务的，是为提高学生的英语水平服务的，因此高校英语多媒体教学资源的开发要注意以下四个方面的问题。

首先，增加资源开发的针对性。高校英语教师在开发多媒体教学资源的过程中要注意仔细筛选材料，选取最合适的材料，增加资源开发的针对性。在确定教学目标和教学方案后，教师就可以搜集、整理和选择资料了。教师搜集和整理的资料一般分为两类。第一类是最常见的，是从外界直接获取的图片、歌曲、视频片段等，这一类资料一般不需要教师进行加工，可以直接使用；第二类则是由教师自行设计和开发的资源，例如英文动画、视频或情景剧等，这部分资源需要开发者根据教学内容设计脚本，进行拍摄和剪辑。

其次，增加资源开发的趣味性。高校学生的年龄大部分在二十周岁左右，他们这个年纪对西方文化中的英文歌曲、动画、影视剧等内容还是比较感兴趣的，英语教师要根据高校学生的身心特点、兴趣爱好以及关注点去开发和利用多媒体资源。在这一过程中，英语教师一定要注意资源开发的实用性和趣味性，枯燥的专业知识资源不能激发学生学习的主动性，甚至还会引发学生的反感情绪，使学生对英语学习敬而远之。只有增强资源的趣味性，才能树立学生学习英语的信心，才能调动学生学习英语的积极性和主动性，帮助学生通过多媒体资源掌握英语知识和技能。

再次，增加资源开发的多样性。在开发多媒体教学资源的过程中，高校还要注意资源呈现形式的多样性，应包括文本、动画、视频、音频、文献资料、课件素材等多种形式，以满足教学多样化的需求。因为资源库将面向教授不同课程的英语教师，不同教学风格的英语教师，所以需要不同类型、不同特点的教学资源。例如，学校在开发多媒体教学资源，建立教学资源库时，可以设计"情境导入""课前预习""语法练习""阅读练习""课后延伸"等模块供教师参考和使用；还可以针对每一课配置相应的"资料包"，其中包括与这节课内容相关的图片、视频、音频、文字、教案设计、教法设计等诸多教学资料。

最后，提高资源开发的实效性。多媒体教学资源的开发最终是为了提高课堂教学的质量，完成既定的教学目标，因此教师在完成教案设计、资料整理后，要将教案的内容和开发、整理的资料运用到教学实践活动中。教师用设计好的教案进行试教，然后根据实际教学效果调整资源的选择和设计。通过反复的试教与修改，资源库的内容设置逐渐优化，教学资源开发的实效性得以提高。与此同时，当学生对某次多媒体授课的效果不满意时，教师需要主动与学生沟通，询问学生的意见和建议，根据学生的学习水平以及学习需求开发切合实际的多媒体教学资源，提高资源开发的实效性。

除了高校英语教师，学校在开发和运用多媒体教学资源辅助英语教学的过程中也要发挥作用。具体分析，学校要为多媒体教学资源的开发提供保障。此处的保障包括两个方面的内容。一方面是资金上的支持和保障,另一方面是要积极与英语教师进行沟通交流,听取英语教师的意见和建议。学校要做好财政预算,为多媒体教学资源的开发准备好充足的资金,同时重视英语教师的教学资源需求。

英语教师在多媒体教学资源的开发与利用过程中扮演着重要的角色,他们不仅是资源的开发者和利用者,也是资源开发的组织者与评价者,他们对多媒体资源的开发与利用承担责任,关注学生对多媒体资源的态度以及使用多媒体资源对学生的英语学习产生的影响。如果学校在开发运用多媒体教学资源的过程中不注意听取英语教师的专业意见,就不能及时了解教学实践中的困难与问题,这样不仅不利于多媒体教学资源的有效开发和利用,还会打击英语教师对开展日常工作的积极性。长此以往,可能会失去英语教师对这项工作的支持。

三、教育中的通信技术

通信技术的发展推动了教育技术在新时期的变革,进而改变了传统的教学模式和学习方式。通信技术利用通用电话网络和专线路线将各个计算机系统和其他类型的信息存储设备连接在一起,为现代教学活动的开展提供了新的资源和条件。具体分析,通信技术从两个方面出发改变了传统的教学模式和学习方式。

(一)获取信息资源

通信与信息技术的飞速发展为教师获取教学资源,学生获取学习信息提供了便利的条件。这主要体现在以下三个方面。

(1)远程通信技术能将全国各地的图书馆资源、在线教学资源、学习资源等资源信息连接在一起,教师和学生因此能查阅浏览大量可用的资源信息。

(2)教师和学生能利用远程通信技术从资源管理中心找到自己需要的资料信息并进行免费下载。

(3)教师和学生可以从科学研究机构等对学校公开的信息资源处获取真实有效的研究数据和研究信息,以保证教学数据的科学性和教学资源的丰富性。

（二）远距离合作学习

传统的远程学习模式是单向的，教师的讲授是课程的全部，缺少教师与学生之间、学生与学生之间的互动，因此导致学生的学习效果欠佳。而当前通信和网络技术的发展和应用则为学生提供了新的远程学习模式，即合作型远距离学习系统。这种学习系统有两种模式，一种是用户组模式，另一种是远程登录模式。用户组模式可以利用互联网传输电子邮件服务器支持的用户组功能实现远程学习；远程登录模式则是利用互联网提供的远程计算机服务功能实现远距离学习。这两种学习模式都设置了远程提问、留言、讨论、互动的功能，改善了远程学习的环境和条件，有助于提高学习者的学习效率。

四、教育中的网络技术

（一）网络技术的含义

网络技术起源于二十世纪九十年代中期，网络技术将互联网上分散的信息资源经过筛选、分类，归纳在一起，融为一个有机的整体，基本实现了信息资源全面共享和相互协作，使人们能够轻松找到自己需要的信息资源。

（二）网络技术在教育中的应用

1.网络教学的含义

以网络英语教学为例，网络英语教学是计算机辅助语言教学的一种类型。早期的计算机辅助语言教学实际上是一种程序化的学习手段，计算机帮助学习者学习英语的作用在于为学习者提供了进行训练、游戏和测试的场所，学习者与计算机之间的互动是封闭的、单一化的。而网络技术在英语教学中的应用则为学习者提供了一个开放的、自由的学习环境，在这个环境中，学习者不仅可以查阅网络上的学习资料、观看网络上的教学视频，还可以通过留言、在线发言、讨论的方式提出自己的问题，表达自己的观点，除此之外，学习者还可以通过网络联系到和自己一样在学习外语的人，甚至可以找到以外语为母语的人进行沟通，实现人与人之间的互动。

2. 网络教学的优势

（1）教学资源丰富、教学形式多样。当今时代由于互联网信息技术的不断发展，人们生活的信息化水平不断提高，网络上的信息资源更是呈现出爆炸式增长的趋势。英语学习者可以通过网络平台查阅和学习相关的资料，例如语言知识、文化知识、学习方法等。还可以利用局域网提供的平台和通过网络下载的软件进行英语技能的训练，提高自己的英语听说技能。网络技术结合计算机技术能够组合文字、声音、图像或视频等多种媒体因素，营造出真实的语言学习情境，使课堂教学内容更加丰富，教学形式更加多样，进而使学生的英语语言水平得以提升。

（2）突破时间和空间的限制、有利于开展个性化学习。网络教学能突破时间和空间的限制，为学习者提供一个开放的、自主学习的语言学习空间。学习者可以根据自己的学习兴趣搜索相关的学习资源进行学习、练习，也可以针对自己的薄弱环节加强训练，对学习中的疑点、难点展开反复练习，或者求助教学名师，直到自己掌握这项知识技能。除此之外，学生还可以根据测试软件提供的反馈信息及时发现自己学习过程中存在的问题，调整学习内容和学习进度，改进学习方法，提高学习效果。

（3）博采众长、教学效果突出。当前我国的网络教学系统大多是由国内重点大学的英语教学专家和信息技术专家研制开发的，因而具有科学性和专业性。纵观当前网络版的多媒体课件和英语教材，它们或是内容资料丰富，或是排版设计精美，总之是优势互补、各有特色，体现了先进的教学理念和教学思想，有效提高了学习者学习英语的兴趣和实际的教学效果。

3. 网络教学的特点

（1）开放性。网络是一个具有全方位、多样化、开放性特征的资源库，它的开放性体现在以下几个方面。

第一，由于处于信息化时代，信息更新换代的速度非常快，因此网络平台上的信息资料也在不断更新的状态中，学习者可以通过网络平台获取最前沿的学科动态和最新的学习资料。

第二，当今时代，由于网络的普及，人们上网十分方便，通过网络搜索资料、关注时事新闻已经成为人们日常生活中不可缺少的一部分。对于英语学习者来说，上网搜索、整理对自己有用的学习资料是一件相对而言比较容易的事情，这种便利的条件有利于培养学生的自主学习能力。

第三，网络上的资料种类繁多、形象生动、图文并茂，很容易就能吸引学习者的注意力，激发学习者的学习兴趣。

（2）创造性。网络教学的创造性特征主要体现在网络教学激发了学习者学习英语的积极性与创造性。例如学习者在网络上搜集、选择、组合、转化学习资料时需要充分发挥自己的理解力、想象力和创造力。再比如学习者想要完成英语教师布置的学习任务也需要发挥创造力：学习者们根据教师规定的作业范围，结合自己的学习兴趣选择好学习资料后，需要用自己的语言对它进行介绍、描述、补充和加工，然后用自己设计的框架和思路制作出语言学习的作品，最后再通过 E-mail 或其他网络途径将自己的作品发送给教师。教师可以远距离打开学生的作品并给予点评，并让学生以口语论述、朗读或表演的方式深化所学的知识内容。

（3）形象性。在多媒体环境下开展英语教学，能够为学生创造接近真实的言语交际环境，通过视觉和听觉的组合优势提升教学效果；而在网络环境下开展英语教学则会放大这种优势。这是因为网络世界本身就是一个真实的、由各种媒体因素综合发挥作用的多媒体世界，不需要外界再人为地去创造一个多媒体环境。学习者在这个世界中开展英语学习，还可以现学现用，随时检验学习成果，提高学习能力。

综上所述，将现代信息技术中的计算机技术、通信技术、多媒体技术和网络技术与高校英语教学相结合，是适应知识经济社会发展与建设的重要举措，也是二十一世纪教育教学改革的必经之路。信息技术在教育中的应用，势必会深化学科教学改革，推动高校英语教学发展进入一个新的阶段。

第二章　英语教学与信息技术融合应用的理论依据

当前的英语教学活动受时代发展和社会建设需求的影响具有很强的应用性和实践性，伴随着社会的不断进步和时代的飞速发展，英语这一专业学科的改革和发展也受到了各大高校及其他教育行业的关注和重视，与此同时，教育学界开始研究更适应时代发展的英语教学内容和教学方法，但无论英语教学活动经历什么样的改革和变化，都要遵循语言学习和教育活动开展的规律，都要以语言学理论、语言学习理论和教育学相关理论作为指导。因此本章将从这三个角度出发分析和探讨英语教学与信息技术融合应用的理论依据。

第一节　语言学相关理论

语言学是一种研究语言的科学，把人类的语言设定为研究对象，它有诸多分支学科：语音学、语用学、语法学等，其中涉及的理论便包括语言本质理论、二语习得理论。

一、语言本质理论

关于语言的本质是什么这一课题，不同的学者从不同的角度出发对其进行了研究和讨论，并提出了各自的看法和理念。本节主要介绍两种具有影响力的语言本质理论,即语言的功能理论和言语的行为理论。

(一)语言功能理论

英国的语言学家韩礼德认为语言的本质与人们对语言的要求以及语言本身反映完成的功能相关,据此提出了语言功能理论。他提出,语言具有社会功能,语言的社会功能在一定程度上影响了语言本身的变化和发展。只有研究语言如何使用,才能发现语言的全部功能及其构成意义的全部成分。韩礼德对语言功能的分类如下所示:

1. 微观的功能

韩礼德指出语言具有微观功能,且这一功能主要出现在儿童学习如何使用母语的阶段。语言的微观功能具体又可划分为以下七种功能:个人功能、规章功能、想象功能、启发功能、工具功能、相互关系功能、信息功能。

2. 宏观的功能

对比语言的微观功能可以发现,语言的宏观功能要更加复杂和抽象,语言的宏观功能产生于儿童语言向成人语言过渡的时期,主要可分为两种:

(1)实用功能。实用功能是儿童在学习语言的早期出现的一种功能,通常认为该功能是由工具功能、相互关系功能和控制功能三种功能延伸出来的,是儿童把语言当作做事的方式和手段的功能。

(2)理性功能。理性功能也诞生于儿童学习语言的早期阶段,与实用功能不同的是,该功能是由个人功能、启发功能衍生出来的,是儿童把学习知识和观察事物作为一种手段和方法的功能。

总而言之,语言的宏观功能是儿童早期学习语言时的过渡功能,它是微观功能的延续。语言的宏观功能体现出人类语言功能的实用性,即语言可以根据不同情况运用到不同的场合,还证明了人们在使用语言进行沟通交流的过程中,离不开相应的语言创造。

3. 纯理功能

韩礼德还提出了语言的纯理功能,这一理论对语言学派的发展产生了深刻的影响。纯理功能主要包括以下三个方面的内容:

(1)人际功能。语言的人际功能指的是语言具有表明社会关系、建立和维护社会关系的功能。由于语言的人际功能，人们能够在某种环境或场合下表达出自己内心的真实想法和情感态度，并作用在他人身上，对他人产生影响。

（2）篇章功能。语言的篇章功能指的是语言在不跑题的前提下具有创造通顺语句和连贯篇章表达的功能，韩礼德还认为，语篇是具有一定功能的语言。

（3）概念功能。语言的概念功能是指人们使用合适的语言对自己曾经历过的事情以及自身的真实体验和感受进行概括描述的功能。换句话说，就是人们会通过概念解码以往的经验，达到表达或阐述事物的目的。

韩礼德还提出，基本上所有的句子都在不同程度上体现出以上三种功能，且通常以并存的形式存在。韩礼德对于语言本质的论述为人们研究语言提供了新的思路，有助于人们开展对语言的深入研究，也为后来交际法教学流派的创立奠定了一定的理论基础。

（二）言语行为理论

早在二十世纪五十年代，英国哲学家奥斯汀就创立了言语行为的理论基础；随后美国学者塞尔在奥斯汀理论研究的基础上进行了改进，并建立起一种用来解释语言与交际行为的理论，即言语行为理论。这就是言语行为理论的产生。言语行为理论不仅被用来指导语言教学的开展，还为意念功能大纲的产生和发展提供了理论基础。接下来我们简单介绍一下奥斯汀和塞尔的言语行为理论观点。

1. 奥斯汀的言语行为理论

奥斯汀把语言中的话语分为两种句型：表述句，施为句。在此基础上，奥斯汀提出了言语行为的三分说理论。

（1）表述句。所谓表述句，就是指描写客观事物、报道客观事件以及陈述客观事实的句子。表述句的特点是能够进行验证，且有真假价值之分。

（2）施为句。所谓施为句，就是通过创造新的现象或事态对客观世界进行改造的句子。施为句的特点就是不能进行验证，因而也不能辨别真假。

根据以上分析可以得出表述句和施为句最主要的区别是：表述句用来描写事物，叙述事件；施为句则用来表示对客观世界的改造。

（3）三分说理论。奥斯汀提出的三分说理论把言语行为分为了三种：

其一，以言指事行为。

这一行为是指说话人通过启动自己的发音器官发出相应的话语，并按照一定的规则把这些话语排列成正确的词组或句子的表达行为，这种行为通常都是代表意义上的行为。

其二，以言行事行为。

该行为就是通过说话的方式来实施相应的行为或做其他事情。该行为突出表现出讲话者的意图。具体分析，该语言行为又可以分为五种：评价行为、施权行为、承诺行为、论理行为、表态行为。

其三，以言成事行为。

该行为通过不同的言语方式造成不同的效应，有时是好的效应，有时是不良效应。在这里需要特别注意的一点是以言成事行为虽然说是通过说话造成的结果，但无论结果如何，都不能代表说话人的意图。

2. 塞尔的言语行为理论

塞尔在奥斯汀的理论基础上作了深入探究，提出了相应的间接言语行为理论。

（1）以言行事行为的分类。其一，承诺类，这一言语分类是指讲话者会对未来要发生的事情作出不同程度的保证或承诺，例如动词 promise、commit、threaten 等。其二，表达类，这一言语分类主要指讲话者暗含某种心理状态，例如动词 apologize、welcome、regret、boast 等。其三，断言类，这一言语分类主要指讲话者针对某件事所作出的判断或表明的态度，例如动词 state、claim、remind、inform 等。其四，宣告类，这一言语分类主要指讲话者所要表明的话题的内容与现实世界是一致的，例如动词 resign、declare、nominate 等。其五，指令类，这一言语分类主要指讲话者指使或者命令他人去做某些事情，例如动词 order、advise、ask、want 等。

（2）间接言语行为理论。间接的言语行为就是指通过采用对另一行为的实施方法达到间接实施言语行为目的的一种行为。例如"Can you take a photo for me?"这句话，从讲话者的言语行为角度出发分析，这句话表面上看是在询问对方能否为自己拍一张照片，但其实含有"请求"的含义，这就是说，在这句话中，"请求"这一言语行为是通过"询问"的方式间接实施的。

根据塞尔的研究，间接言语行为可分为两类：

其一，规约性间接言语行为。

规约性间接言语行为通常情况下是讲话人对听话人的礼貌行为，依据讲话者使用的句法形式可以推测相应的语意。

其二，非规约性间接言语行为。

非规约性间接言语行为比规约性间接言语行为要复杂一些，通常情况下要依据交际双方的共识语言信息对当下的处境作出相应判断。

二、二语习得理论

（一）二语习得理论的概念

二十世纪六十年代，有些学者开始专注于研究人们获得语言能力的机制，尤其是获得外语能力的机制，参考了包括语言学、心理学、社会学在内的多个学科理论，最终将这一研究定性为第二语言习得学科理论，简称为"二语习得"。

（二）二语习得研究的流派

从二十世纪七十年代开始，人们便开始从不同层面、不同角度分析和探讨二语习得学科，所采用的研究方法也不尽相同。罗德·埃利斯曾在其著作《第二语言习得研究》中指出，当时的第二语言习得研究正在从不同角度开展，所依据的理论来源和视角也各不相同，例如心理学角度，神经语言学角度等。随后，第二语言习得的相关知道理论伴随着多层面、多方法的研究也在不断地发生着变化，其中以普遍语法理论和语言监控理论的影响最为深远。

1. 普遍语法理论

（1）基本内涵。美国语言学家及其支持者认为，人们目前所具有的普遍的语言方面的知识是遗传作用的结果，这种来自先天的知识被乔姆斯基称为"普遍语法"。普遍语法理论特别强调了两方面的内容对语言习得的作用，一方面是先天的语言机制，另一方面是语言中存在的共同规律。如果先天的语言机制不存在，那么第一语言的习得和第二语言的习得都不会发生。而在进行语言习得时，语言的相关数据缺失也不足以支持习得这一行为的产生。

乔姆斯基还主张语言在一定程度上也是说话人本身心理活动导致的结果。类似人们刚出生不久后的婴儿阶段展现出的语言学习能力，当婴儿的表达出现语言错误时，我们甚至不需要纠正，因为随着年龄的增长和生活经验的增加，他们会逐渐察觉出自己的语言错误并自动改正。还有一部分人在使用语言表达自己时习惯通过语法结构的核对确保表达的规范和标准，这种行为其实是一种自我监控，一种通过学习语法知识和结构进行的自我监控。当这部分人的语言水平随着年龄的增加和生活经验的积累提升时，这种自我监控的行为就会相对减少。

乔姆斯基认为，语言不是通过学习得到的，而是一种存在于人类大脑中的语法原则，是一种生物天赋的组成部分，语言不需要进行专门的学习，但使用语言不能违反其特定的规则。普遍语法模式的基本概念还对语言与语言间的共性和差异性进行了分析和讨论，其中普遍语法模式的原则是适用于所有人类语言的高度抽象化的语法属性，是不同语言之间的共性；普遍语法模式的参数有大于和等于两个值，是语言之间差异性的具体体现，不同的参数值代表不同的差异程度。

（2）普遍语法与二语习得。普遍语法理论强调第二语言习得的过程以语言之间相应的参数值为基础，并且在解释和分析二语习得现象的时候将两种语言的规律和特性与二语习得的过程做了结合处理。这种处理方法是想要证明第二语言并不来源于认知系统，而是源自相对独立的语言机制。这一假设具有的优点是，以最新的原因理论为指导认知和研究二语习得现象，同时引起了相关学者对语言迁移现象的关注和研究。

当然，也有一部分学者对普遍语法理论保持怀疑态度。并且因为该理论与其他语言习得理论相比更为抽象，所以普遍语法理论还不能从根本上对具体的实践教学产生积极的指导作用，这也影响了普遍语法理论在二语习得理论中的适用程度和地位。

2.语言监控理论

二十世纪七十年代，美国语言教育家斯蒂芬·克拉申（Stephen Krashen）提出了影响深远的语言监控理论，该理论的提出对重视传统语法教学的外语教学实践产生了巨大的冲击。该理论共由五个假设组成。

（1）习得/学习假设。克拉申的习得/学习假设研究的重点是"学习"和"习得"这两种行为过程之间的差别，在他看来，习得是学习者下意识或无意识之间获得语言的过程，在这一过程中，学习者的行为是被动的；而学习则恰恰相反，是学习者有意识地采用各种方式、通过各种渠道进行语言学习的过程，学习者在这一过程中是主动的。从神经语言学的角度分析，学习获得的知识和习得获得的知识分布在大脑的不同区域，这也证明了学习和习得这两种行为过程的差异性。

（2）自然顺序假设。自然顺序假设认为人类习得语言知识结构的过程是依据一定的自然顺序展开的，但该假设并没有要求人们在制订语言教学的教学大纲时必须依据此自然顺序。事实上，学习者要想习得相应语言知识和语言技能，就要按照一定的语法顺序进行学习。

（3）监控假设。监控假设的研究内容以习得/学习假设的研究为基础，在一定程度上体现了语言习得与语言学习二者的内在关联。语言习得和语言学习对语言掌握的意义和作用各不相同，语言习得系统包括的内容有人体的潜意识语言知识和真正具备的语言能力，学习者习得外语的过程就应像幼儿习得母语一样。幼儿的语言习得，包括词汇知识习得和语法知识习得，并没有有意识地被人教过，也没有有意识地记忆、学习过。他们掌握和使用语言的能力来自于大量的实际语言交流活动，这些交流活动是真实的，符合当时情境要求的，交流的对象一般是他们的父母、亲人。因此，在帮助学习者习得第二语言的过程中，教师应适当加入幼儿自然习得母语的方法，为外语学习营造多样化的语言环境。比如，在教学中强调模拟真实的语言场景，就是这种观念的反映。

与之不同的是，语言学习系统是有意识的语言知识，该系统在第二语言学习和运用的过程中发挥着监控和编辑的作用，并且该监控功能既可以在语言输出前发挥作用，也可以在语言输出后发挥作用。但是，监控功能能否充分发挥作用还要看语言应用时的时间、形式和规则。与书面语表达相比，口语表达更注重谈话的内容而不是其语法规则和形式，因此，如果在口语表达的过程中进行语法监控，就会对具体的谈话产生干扰，干扰的直接体现就是语言表达不再流利，从而影响说话人的整体发言，进而影响谈话的效率。而书面语表达则要好得多，因为在写作过程中，作者拥有比较充足的时间遣词造句，思考并选择最佳的语法规则。

（4）输入假设。输入假设是克拉申语言习得理论的重点研究部分。克拉申认为，语言的习得是有条件的，语言习得者只有接触到了"可理解的语言输入"，也就是说接触到的第二语言输入内容的水平略高于习得者现有的语言水平，并且该习得者能够理解输入语言内容的意义和形式时，语言的习得才会产生。这就是语言学界著名的"i+1"理论。在"i+1"理论中，i 表示习得者现有的语言水平，1 表示稍高于习得者语言水平的知识内容。克拉申表示，该公式的输入无须刻意提供，只要理解输入达到了一定的量，输出就会自动生成。

（5）情感过滤假设。情感过滤假设指出，有了可理解输入的环境并不意味着能顺利习得第二语言，二语习得受许多情感因素的影响，语言的输入只有经历了情感过滤的考验才能够被吸收。影响语言习得的情感因素包括动力、性格、兴趣、情绪等。

第二节　语言学习相关理论

教师对于语言学习理论的认知和理解也会影响语言教学方法和策略的选择，因此我们有必要学习和了解语言学习的相关理论，此处主要介绍三种语言学习理论：行为主义学习理论、认知主义学习理论和建构主义学习理论。

一、行为主义学习理论

行为主义学习理论是受巴浦洛夫对"条件反射"这一概念的研究而形成的。行为主义学习理论认为，儿童学习和掌握语言的过程实际上就是不断接受刺激、产生刺激反应的过程。该理论的主要代表人物及其观点如下所示。

（一）华生的行为主义学习理论

早在二十世纪初期，华生就提出了行为主义的相关理论，标志着行为主义学习理论的产生。所谓行为主义，就是通过一些客观方法的运用进行的直接观察的行为。他还指出，无论是人还是动物，都会进行一些有意义或无意义的行为，而这些行为无一例外都是受外界环境因素的影响并通过他们自身的学习而产生的，刺激与反应因素在这些行为产生的过程中也起到了很大的作用。基于以上观点，华生提出了"刺激—反应"公式。

（二）斯金纳的行为主义学习理论

斯金纳在华生行为主义学习理论的基础上进行了继承与拓展。斯金纳认为人们的某些言语是受到一些相应的刺激才产生的。能引发人们说出某些言语的刺激主要可分为三种，即言语刺激、内部刺激和外部刺激。而在学习中，反复刺激是一种有效的学习模式和学习方法。对学习内容的反复刺激包括预习、练习、复习等有效措施。反复刺激的学习模式具有加强学习效果的显著作用。反复刺激还能帮助学习者学会使用恰当的语言形式进行表达。总而言之，反复刺激在学习过程中具有十分重要的作用。图2-1是有关行为主义的学习模式。

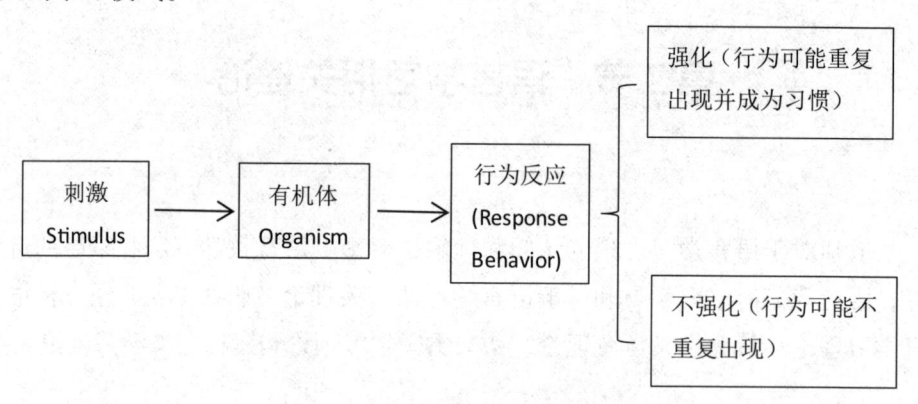

刺激 Stimulus → 有机体 Organism → 行为反应（Response Behavior）→ 强化（行为可能重复出现并成为习惯）/ 不强化（行为可能不重复出现）

图2-1 行为主义的学习模式图

行为主义学习的理论在美国教育学界曾流行了五十多年，并且在当前的教育机制中仍占有重要地位。行为主义学习理论的主要表现在于教师能够实施一些干预活动来指导学习者的行为，从而帮助学生掌握相关语言知识和技能；除此之外，还表现为经常为学习者提供有关语言学习的材料。

二、认知主义学习理论

从二十世纪初期到二十世纪中期左右，行为主义学习理论是语言学界地位最高的一种理论，但行为主义的学习理论有一个致命的缺陷，就是它把所有的思维行为归纳为"刺激—反应"，没有考虑人的主观意识在语言学习中的重要作用，所以越来越多的学者开始提出反对意见。在这种情况下，认知主义学习理论逐渐崭露头角，并引起了学者们的关注。认知主义学习理论主要研究的内容是学习的内部条件和内部过程，它认为学习是一种认知结构，这种认知结构的形成依靠的是学习者对情境的领悟和认知。认知主义学习理论的代表性观点有苛勒的顿悟说、皮亚杰的发生认识论、布鲁纳的发现学习理论以及奥苏贝尔的认知—同化学习理论。

（一）苛勒的顿悟说

苛勒是来自德国的心理学家，他主要研究的是格式塔理论。格式塔的含义是指被分离成部分的整体或一些组织结构。格式塔理论的主要观点是要想掌握一门语言，首先要弄清楚语言情境中对话双方之间的联系，然后才能构成完形，解决学习中遇到的困难或问题，达到最终的目的。在提出格式塔理论不久后，苛勒又提出了顿悟说，顿悟说的核心观点主要包括以下两个方面：

（1）学习不是外界刺激活动和学习者反应活动的简单连接，而是学习者带有一定目的进行了解和顿悟之后才形成的完形。

（2）学习内容的理解和掌握不是依靠出错后的总结归纳实现的，而是通过顿悟实现的。

（二）皮亚杰的发生认识论

皮亚杰是来自瑞士的心理学家，他的代表观点是发生认识论，主要研究的内容是人的认识问题，包括概念认识、语言认识、认识发展等诸多方面。具体分析，他认为每个人从童年时期甚至胚胎时期就开始了认识活动，但人出生之后认识的形成和思维的发展以及影响思维产生的因素、思维的结构等相关问题都是需要研究的，这些属于认知发展的阶段性特征和认知机制问

题，也是皮亚杰研究的重点。

皮亚杰通过建立可以直接观察的心理模型来探测和分析人脑活动的过程、运用相对科学和客观的方法探究人类的复杂或者高级认知活动，他的研究行为促进了人们对自身的了解和认知。

（三）布鲁纳的发现学习理论

美国教育心理学家布鲁纳的发现学习理论提出了学习的本质观点。布鲁纳认为学习的本质在于主动形成的认知结构，该结构的主要作用体现在感知和概括新事物方面。认知结构的形成需要一定的经验作基础，通过不断的变化，学习者能了解和学习到新知识的内部构成。

布鲁纳还把学习的过程分成了三个阶段，即知识的获得、知识的转换和知识的评价。任何学科知识的学习和掌握都要经历这三个阶段，所以从这个意义上来讲，发现学习是最科学、有效的学习方式。要想开展发现学习活动，教师首先要清楚学生是一切学习活动的中心，其次教师要通过一些准备工作激发学生探索学习的动机，随后通过引导学生观察、分析和归纳总结活动，最终使学生分析问题的能力和解决问题的能力得以提升。

（四）奥苏贝尔的认知—同化学习理论

同为美国教育心理学家的奥苏贝尔在研究前人理论经验的基础上把学习从学习方式角度和学习资料与学习者知识结构的关系角度分为了两个维度。

1. 学习方式

依据学习方式的划分标准，学习可以分为两种类型：

其一，接受学习。

接受学习是指教师通过定论形式把学习的内容传授给学生的一种学习方式，在此过程中学生是一个接受者的角色。

其二，发现学习。

发现学习与接受学习最大的区别在于发现学习不会将需要学习的内容直接传授给学生，而是通过设计一些活动让学生自己发现这些内容，并将这些内容添加到自己的认知结构中，从而掌握学习的内容。

2.学习资料与学习者知识结构的关系

根据学习资料与学习者知识结构的关系对学习这一行为活动进行区分，可以将学习分为两种类型。

其一，机械学习。

机械学习，顾名思义，就是指学习者在没有理解所学知识真正含义的基础上机械地记忆部分学习内容的学习方法。

其二，意义学习。

意义学习的含义在于将相关语言符号代表的新的学习内容与学生已有的经验感受相结合，使学生在理解原文真实意义的基础上进行学习的学习方法。

综合以上两个不同维度对学习的分类和定义，可以将学习划分为以下四种类型：

其一，有意义的接受学习；

其二，有意义的发现学习；

其三，机械的接受学习；

其四，机械的发现学习。

在这四种类型中，奥苏贝尔提出有意义的接受学习是开展教学活动的首要目标，这种学习方式能帮助学习者在较短的时间内掌握大量的系统知识。他还认为有意义的学习过程就是学习者已有观念对新观念的同化过程，该过程中主要的同化学习方式有以下三种：总括学习、类属学习和并列结合学习。

其中，总括学习又称为上位学习，意思是学习者需要从已经掌握的部分从属观念中总结归纳出一个总的观念或观点；类属学习又可称为下位学习，下位学习的重点在于结合从属观念和总的观念，从而在这两种观念之间建立起一定的联系；并列结合学习方式可理解为学习者在学习过程中接触到的新知识与之前学习过的知识在某种程度上有相同之处，因此学习者可以根据之前掌握的知识理解新知识的意义。

三、建构主义学习理论

建构主义理论诞生于二十世纪九十年代的美国，建构主义学科的成立以

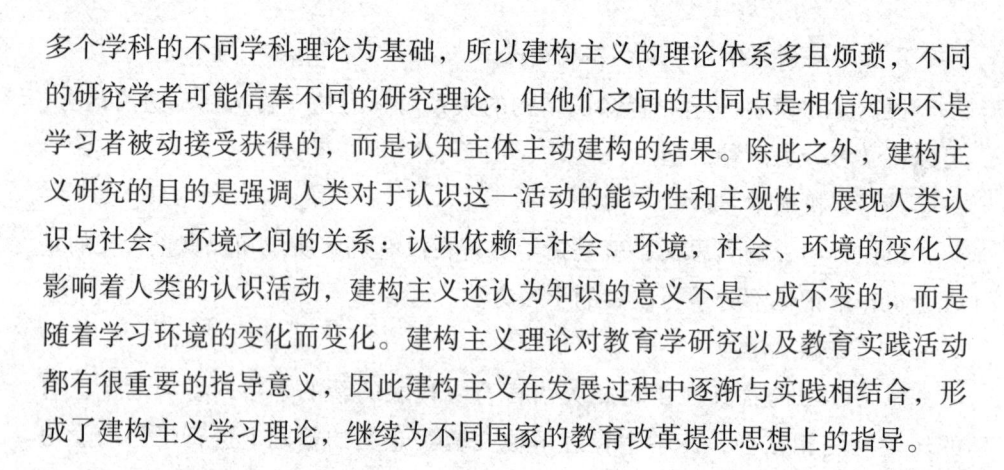

多个学科的不同学科理论为基础，所以建构主义的理论体系多且烦琐，不同的研究学者可能信奉不同的研究理论，但他们之间的共同点是相信知识不是学习者被动接受获得的，而是认知主体主动建构的结果。除此之外，建构主义研究的目的是强调人类对于认识这一活动的能动性和主观性，展现人类认识与社会、环境之间的关系：认识依赖于社会、环境，社会、环境的变化又影响着人类的认识活动，建构主义还认为知识的意义不是一成不变的，而是随着学习环境的变化而变化。建构主义理论对教育学研究以及教育实践活动都有很重要的指导意义，因此建构主义在发展过程中逐渐与实践相结合，形成了建构主义学习理论，继续为不同国家的教育改革提供思想上的指导。

（一）建构主义学习思想

首先，建构主义的思想起源于十八世纪的欧洲，代表学者是意大利伟大的哲学家、语言学家维柯和德国著名哲学家康德；现代建构主义学习理论的研究先驱则是瑞士的皮亚杰和苏联的维果斯基，二位都是十分著名的儿童心理学家。

其中，维果斯基提出了"文化历史发展理论"，这一理论强调了社会文化历史背景在学习者认知过程中起到的重要作用。维果斯基指出，学习者个体学习成长的过程离不开特定的历史背景和社会文化，且在这一过程中，社会也发挥着不可缺少的作用。在此基础上，他提出了新的理论概念：最近发展区。维果斯基将学生的发展水平划分为两种：一种是现实的，另一种是潜在的。现实的发展水平是指通过学习者的独立活动能够达到的水平，潜在的发展水平是个体不能独立完成的，需要通过外界帮助（例如教学）实现完成的水平，也就是通过教学可能获得的潜力。而"最近发展区"不属于以上任何一种发展水平，而是处于这二者之间的区域，即二者之间的差异。

（二）建构主义学习主张

1.建构主义教学观

（1）教学目标。建构主义在设定教学目标时主要侧重以下几个方面的内容：

①在教学实践中，建构主义重视"理解的认知过程"和发挥作用的"意

义建构"，并将它们作为教学的中心目标。建构主义指出，学习者就是一个认知者，学习者在感知和理解过程中的主要行为活动就是发挥建构的作用。因此，开展教学活动最基本的目标就是认可和支持这种建构行为。

②专业化知识的传授也应是教学目标之一。虽然建构主义认识理论中并不存在对客观真理的介绍，但这也不能证明建构主义否认客观真理的存在，建构主义没有在教学目标中删除客观真理部分的内容要求，而是提倡在教学内容的选择上也要包括学科专业知识内容。但有激进的建构主义理论支持者也表示，学科专业知识并不等同于客观真理，学科专业知识源自某一科学家的观点论述，不一定是完全正确、没有矛盾的真理。

③把培养学习者的社会化和文化适应当作重要的教学目标。儿童和青少年都是社会文化共同体的一部分，他们在成长和发展的过程中离不开社会的帮助和社会文化的影响。

（2）教学活动。建构主义理论认为，教学活动的设计与进行一定要体现出相应的特点，尤其优秀的教学活动应具备以下几个特点。

①教学环境的多样化。教师在开展教学活动的过程中一定要保证教学环境的多样化，因为多样化的教学环境可以提供多样化的知识情境和社会联系，这样就有利于学习者将新学到的知识与之前的经验积累结合在一起，以便快速理解和掌握新知识。教学活动设计需要创设真实存在的情景和问题，教师引导学习者在接近真实的情境中理解和建构新知识。

②教学活动的精心安排和教学场景的真实设计使得学习者能沉浸式地在这种学习环境中进行自我建构，并完成知识的建构与理解、接受。具体分析，教学活动的成功组织主要体现在以下几个方面：学生在教学活动中主动利用教师给安排的活动空间进行学习，学生抓住学习的时机认真开展学习；学生在参与活动时有自由的活动空间和思考空间。

③在教学活动的设计和组织过程中，教师要尽量给学生提供一个能充分发挥主观能动性的环境，教师要多站在学生的角度思考问题，根据学生的认知基础、思想理念展开建构而不是完全依据自己的意愿和想象组织教学活动。

④教学活动的设计要多组织学生之间的对话，引导他们通过对话讨论发现问题、解决问题，而不是将问题的答案直接呈现给学生；在实施教学的过

程中，教师要鼓励学生对真理展开思考、提出疑问，鼓励学生论述学习过程中遇到的问题和矛盾。

⑤利用"最近开发区"理论使学生的发展实现最大化。结合学生实际情况及时解决问题。

（3）教学过程。教师教学的过程就是学生学习的过程，这一过程学生发生在学习者内部，通过教师的帮助，学生逐渐能自主的建构知识体系。同时这一过程的进行还要学生以已有的知识经验为基础，以严谨的态度和浓厚的兴趣加入到教学过程中来。教师在这一过程中也要以学生的知识水平和学习态度为基础，建构出帮助学生获取新知识、新经验的教学环境。

（4）教师及其专业发展。首先，不要以某种主义和教学法固化教师，而是通过调研了解教师现阶段的工作环境、教育理念和思想特征，根据他们的调研结果和工作要求安排老师参与培训活动。其次，教师可以组织开展反思式教学。也就是说，教师在开展教学活动过程中可以记录教学的方法和教学的过程，然后发现教学过程中可能存在的问题并与其他教师进行探讨，反思自己的不足之处。

2.建构主义学习观

（1）学习的实质。学习的实质可以从学生和学习两个角度分析。

①学习是认知结构改变的过程。建构主义理论认为，学习是学习者认知结构改变的过程。对学习者认知结构进行改变的方式一共有两种。一种是同化，一种是顺应。学习者认知结构变化的过程就是同化与顺应相互交替的过程：

同化—顺应—同化—顺应……

与此相对应的学习者认知水平的发展也呈现出平衡与不平衡相互交替的特征：

平衡—不平衡—平衡—不平衡……

因此，建构主义理论认为学习的过程不是简单的知识经验积累的过程，而是新知识与旧知识相互影响，发生冲突与革新的过程，学习者的认知结构在这一过程中因此发生改变。

②学生是主体建构的自组织循环系统。建构主义理论认为，就整体而言，学习是一个没有起点和终点，不断循环发生的过程，且这一过程呈现出

封闭性的特征。根据这一判定，建构主义者提出，思维和学习通过已有的结构规定，而不是由外部学习环境决定的。具体分析，学习的循环过程应该如图 2-2 所示：

```
     迁移 —— 重建 —— 摄动 —— 平衡 —— 行动
兴趣                                      
     知识 —— 记忆 —— 情感 —— 感知 —— 反省
```

图 2-2　建构主义学习循环过程

③学习是个体建构自己知识体系的过程。建构主义理论相信，教师开展教学、传授知识的过程不是简单地让学生复制知识的过程，而是让学生根据自己的理解对知识进行建构的过程，因此学生的学习过程也应是一个积极建构的过程。学习不只是对知识信息的简单输入，记忆不只是对知识信息的存储。学生作为这一建构过程的主体，主导着学习行为。学习就是对现实世界进行认知、理解和建构的行为，其中理解就是学生通过学习赋予事物意义的过程，也就是说，学生要根据教师的讲解结合自己已有的经验认知对需要建构的新的知识对象进行解释。

（2）影响学习的四种因素：已有经验、真实情境、协作与对话、情感因素。接下来对这四种因素进行详细介绍。

①已有经验的影响。学生已具备的知识经验会对学习新知识、理解新知识、掌握新知识产生影响，一般学生在学习新知识之前，脑海中会对新知识有一个大概的印象或概念。例如学生在学习英语、接触英语之前大致知道英语是一种拼音文字，并且通过英语电影、电视剧等渠道对英语国家的文化有一定的了解。

②真实情境的影响。建构主义理论提出，在学习的过程中，情境是影响意义建构的重要因素，意义建构是否成功与情境有着密切关系。这主要是因为，学习这一行为需要在特定的情境中才能完成，新知识也要在特定的情境中才能展现其意义。这一理念对教学的启示是，教师在开展教学活动的过程中，要为学生创造适合学习的情境，要为学生布置情境任务，引导他们在情

境中完成任务、理解知识、建构知识、掌握知识并且运用知识。

③协作与对话的影响。建构主义者将合作学习教学模式与学生的协商、对话能力培养相结合，利用合作学习的平台使学生在交流、对话中掌握知识、获取技能。

④情感因素的影响。建构主义者认为，情感因素对认知和学习的影响主要体现在以下五个方面：

第一，情感因素会影响学习者选择认知和学习的对象，并呈现出很强的指向性和侧重性；例如如果学习者对语言和文化学习有情感偏向，那么他就会以比较积极和主动的态度去学习英语和英语民族的文化。

第二，情感因素对学习需要的意志也有很明显的影响作用，这种影响作用有积极的也有消极的。积极的影响作用会使学习者在学习过程中保持坚定的意志，即使遇到困难也不轻易放弃；而消极的影响作用则会导致学习者学习的意志不够坚定，甚至会影响学习者认知新事物的能力。

第三，人的情感在上下波动时会影响人的认知和判断。具体来说，人的情感在处于稳定状态时，容易对事物作出正确的理解和判断；人的情绪在受到刺激之后，其认知能力和判断能力将大打折扣。

第四，在开展教学评价的过程中，应考虑教学环境和教学条件的影响作用，不应该只关注教师的教学设计；与此同时，由于学生是教学过程的主体，因此在教学评价中也要考虑学生发挥的作用。开展教学评价的目的就是发现教学过程中影响实现教学目标的因素，然后有针对性地加以调整。

第五，错误和失败在学习过程中的意义作用。建构主义理论认为，在学生开展有效学习的过程中，出现错误是非常正常的现象，面对错误，学生要及时反省，更正自己对原有概念的理解。学生只有明白了错误的答案为何错误时才能避免下次再犯同样的错误，才能理解正确答案为什么正确以及怎样做才是正确的。也就是说，理解需要错误学习。因此，学习者不要害怕犯错，如果出现错误，教师可以组织学生一起进行讨论，发现问题的根源并对其进行改正。

3.建构主义知识观

如图2-3所示，建构主义知识观主要包括以下四个方面的观点：

第二章 英语教学与信息技术融合应用的理论依据

```
          知识存在
         于主体内部

知识没有绝对              掌握知识
且不存在终极真理           是为了生存

          知识处于发展
          和演化的过程中
```

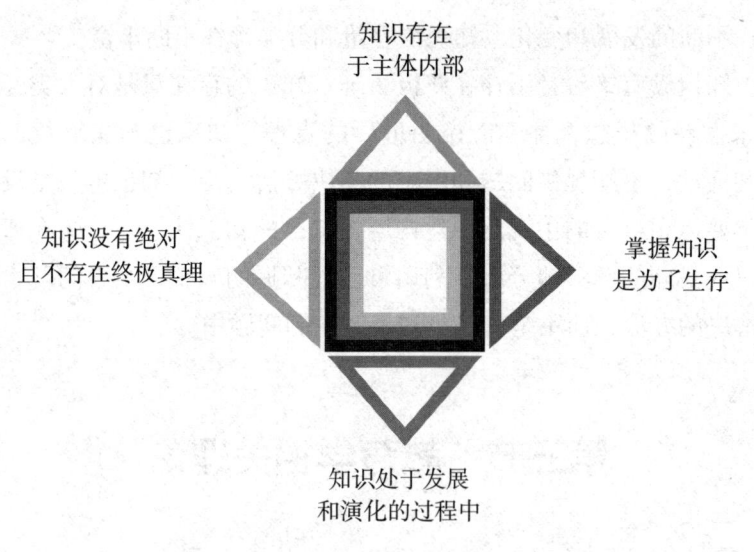

图 2-3 建构主义知识观的主要观点

（1）知识存在于主体内部。建构主义学习观认为，知识以实体的形式存在于学习者主体的内部而非外部。虽然知识凭借语言文字符号的发明有了外在的表现形式，但这也不能证明不同的学习者对相同知识的理解是一样的。学习者原本的学习水平、学习经验和理解能力、应用能力及其接受的教育都会影响其对知识的理解。

（2）掌握知识是为了生存。人类掌握知识最根本的目的不是探寻和分析世界上存在的真理，而是为了解决人类最基本的生存问题。因为当今世界存在很多影响人类生存和发展的问题，这些问题有些源自客观的生存环境，有些源自人类本身的生产生活方式和人类与外界相处的方式。建构主义理论倡导人们学习的知识大部分是与人类生存息息相关的学科知识，例如历史、地理、政治、物理、数学、化学等基础学科知识以及分类更细化的其他学科知识。这些学科知识对于引导人们认识人类生存发展的规律和方法来说具有重要作用。

（3）知识处于发展和演化的过程中。建构主义学习观认为，知识并不是用来描述某一问题现象的最终结果的，也不是用来解决某一问题的标准答案。知识只是人们对现实世界的一种"假设"或"解释"，而且在这一解释的过程中要借助语言符号系统的辅助作用。随着时代的发展和社会的进步，

— 47 —

知识也在不断的发展和变化，知识的容量和分类都在不断丰富。

（4）知识没有绝对且不存在终极真理。知识的存在只是对人类经验的总结和未来发展的畅想，并不能说明世界的真理。知识也不能解释世间的任何现象和活动，不能提供问题和困难的解决方法。因为知识本身是没有意识的，人类要运用自身的主观意识建构属于自己的知识体系。个体在遇到问题或困难时要具体问题具体分析，利用自己已掌握的知识，结合问题本身的特点想出解决的办法，而不是直接将知识转移到问题中。

第三节 教育学相关理论

教育学是一个研究历史悠久的专业，它研究的方向主要是教育知识、教育现象、教育规律、教育方法等教育相关问题。外语教学在成为学校的一门学科之前就是教育学的研究范畴，高校的英语教学是一门针对外语教学的学科，因而也与教育学密切相关。英语教学活动的组织与开展需要教育学的相关理论来指导。例如教学论、教学原则、教学方法等。

教育学中的教学论属于一般性的教学理论，高校英语教学是教学论的进一步拓展和细化，高校英语教学活动的开展也是教学论在实际教育工作中的运用。高校英语教学工作者必须掌握教学论的相关知识，以更好地指导自己的教育实践活动。教育学中很多常规性的教学原则和教学方法也适用于高校英语教学活动。常规的教学原则有科学性原则、启发性原则、直观性原则、循序渐进原则、可接受性原则等；常见的教学方法包括讲授法、演示法、讨论法、参观教学法、自主学习法、任务驱动教学法等。

接下来本书选择了教育学中与外语教学关系十分密切的三个分支学科来对教育学的相关理论进行详细论述。它们分别是教育经济学、教育心理学和外语教育技术学。

一、教育经济学

从这一学科的名称可以看出，教育经济学主要研究的是教育造成的经济效益问题，这一研究方向和研究内容都比较新颖。用教育经济学的视角研究高校英语教学，其关注的焦点在于这一课程的受益方。研究教育经济学的理论对开展高校英语教学活动来说具有两方面的意义。

（一）宏观意义

其一，当今时代，国家与社会发展建设最急需的资源就是人才资源，而高校作为人才成长的摇篮，担负着培养人才的重任，英语课程的改革也要以此为目标，为国家和社会培养语言知识技能突出、全面发展的人才。

其二，在经济全球化飞速发展的今天，国家与国家之间的沟通与合作越来越频繁，在这种背景下，英语是国际通用的语言，英语人才是开展国际合作的媒介，是国家参与国际竞争、企业走向国际舞台的重要辅助因素。

其三，从学生发展的角度来说，高校开展英语教育是为了促进学生综合素质的培养和提升，进而促进学生的全面发展。英语教育的开展不仅能帮助学生掌握英语语言知识和技能，还有利于他们了解不同国家、民族的文化，从而提高他们的跨文化交际能力。

（二）微观意义

研究教育经济学的微观意义要从教学费用和课程效益方面评估。例如费用评估可能涉及的问题有：

教师的薪酬；

教学场地的花费；

培训英语教师所需要的费用；

教学管理人员所需工作费用；

教材和其他教具、教学资源的费用。

二、教育心理学

教育心理学作为心理学的一个分支，其主要研究的内容是教育主体在受教育过程中的心理活动变化，包括教育主体的心理活动规律以及该规律对教学活动和教学效果的影响。例如学习者的个性特征、思想发展规律、学习习惯等对教学活动开展的影响。

教育心理学与英语教学中的学习动机的激发、语言知识教学、语言技能训练、交际能力培养等方面联系紧密。用教育心理学的理论指导高校英语教学工作的开展是高校教育事业发展和完善的重要途径，如果高校英语教育教学工作者能在开展教学工作的过程中考虑到学生学习英语的心理规律和真实想法，那么他们的工作效率和教学水平都会得到很大的提升。

三、外语教育技术学

当前随着互联网信息技术在各行各业的普及和应用，在开展外语教学活动的过程中发挥信息技术的优势作用成为了广大高校的选择，这也是适应时代发展和社会需求的新型教育教学方式。外语教育技术学就是基于以上背景产生的一门新的学科专业。具体分析，外语教育技术学的出现改变了传统外语教学的基本范式，集外语教育学科构成要素和技术学学科表现要素于一体，并利用这些要素构成了基本的学科框架体系。作为一门新兴的学科，外语教育技术学采用了交叉研究的方法，将语言学、教育学、技术学等多门学科的研究内容科学地融合在一起，确定了自己的研究方向和内容。

外语教育技术学研究的主要内容就是外语教育的应用技术，其中涉及了外语教育技术的相关概念、原理等构成部分以及外语教育技术的规律性和逻辑性等特征，具有较强的实践性与应用性。

将外语教育技术学应用于教学实践过程中的典型操作就是：学生在上课之前需要观看教师准备的预习资料或教学视频，并记录自己预习过程中遇到的问题，然后在正式的上课过程中向教师请教问题的答案，以加深自己对专业知识的理解，然后通过自主学习或者合作学习的方式完成教师布置的作业，教师通过在线课堂系统批改作业，为学生提供帮助。与传统的课堂教学模式相比，外语教育技术学模式充分利用了网络信息技术的科学性和便利优势。

当前高校英语教学的工作重点在于整合传统教学模式与网络信息技术的应用以改进教学方法、提高教学质量。这种信息技术与传统课堂教学模式的融合应用不仅能激发学生的学习兴趣，还能实现教育资源的共享和课程建设的革新，是英语教学改革的有益尝试。

第三章 英语教学与信息技术融合应用的理念支撑

第一节 以学习者为中心

受教学目标与教学条件的影响，传统的英语教学模式以英语教师的课堂讲授为主，教师是教学的中心，决定着教学活动的组织与开展，学习者只能被动地、机械地接受知识。互联网时代英语教学与信息技术的融合应用推动了英语教学的变革，新的时代背景要求英语教师改变传统的教学模式，以学习者为中心展开教学，充分发挥学习者参与教学的积极性与主动性，全面提升学习和教学的效果。

一、以学习者为中心的特征

以学习者为中心的教育理念强调，教师在制定教学计划时要根据既定教学目标，结合学习者身心发展的需求制定教学计划；在实际开展教育教学活动的过程中要遵循学习者的学习规律，激发学习者参与教学的积极性、主动性、创造性，发掘学习者各自的潜力，从而提升教学效果，改进教学水平，促进学习者的全面成长。以学习者为中心开展的教学活动具有自身鲜明的特征，这些特征主要体现在学习和教学两个方面。

（一）学习方面的特征

在以学习者为中心的课堂教学过程中，学习者在学习方面呈现出来的特征体现在以下三个方面。

1.学习者的注意力高度集中

以学习者为中心的课堂教学模式与传统课堂教学模式非常不同的一点在于，在以教师为中心的传统课堂教学模式中，由于教学方式以教师的单一讲授为主，所以教师和学生之间的互动较少，学生在长时间高强度的学习环境下难免出现疲惫、走神的情况，注意力无法一直集中；而在以学习者为中心的课堂教学模式中，学习者参与设计教学方法和教学活动，学习者需要一直集中注意力观察和理解教师所讲授的内容，并主动参与有关问题的讨论，同时还会作出相关的学习反馈，因此学生的注意力需要高度集中。

2.学习者积极表达思想观点

学习者积极表达自身的思想观点是以学习者为中心开展教学的重要特征之一。在以学习者为中心的课堂上，学习者在保持注意力高度集中的同时，还要有很强的学习自主性和积极性，面对教师的提问或小组内的讨论，敢于表达自己的观点，擅长描述自己的观点，培养自己的逻辑思维和口语表达能力。

3.学习者积极参与交流互动

在以学习者为中心的课堂教学活动中，学习者呈现出来的另一学习特征就是学习者能够积极地参与交流互动。当教师提问时，学习者愿意认真聆听、积极思考并踊跃回答；当教师需要学习者上台展示学习成果或讨论成果时，学习者也愿意积极响应，配合教师进行展示、讲解；当小组之间需要展开交流或讨论时，学习者也愿意分享自己的观点，提出自己的建议，并对同组成员的问题进行反馈；当需要完成小组的学习任务时，小组成员能够积极主动地划分角色，完成各自承担的任务。

（二）教学方面的特征

在以学习者为中心的课堂教学活动中，教师的教学通常呈现出以下几点特征。

1. 教师能有效调控学习活动

在以学习者为中心的课堂上，教师能够有效调控学习者的学习活动，这主要体现在以下两个方面。

（1）保证学生的学习活动围绕学习目标开展。在以学习者为中心的课堂教学上，为了保证学习者始终围绕学习目标开展学习活动，教师会为学生提供一些辅助工具，如记录学习过程的表格，为学习者建构学习的程序、框架，引导学习者有序开展学习活动，最终完成学习目标。在学习活动的开展过程中，教师需要时刻关注学生的学习进程和学习状态，如果学习者没有思路，教师需要为他们提供一些思考问题的角度；如果学习者在讨论过程中发生误解或冲突，教师需要适时地加以引导，帮助他们解决冲突，继续讨论；如果学习者出现注意力不集中的情况，教师需要及时提醒，引导他们继续学习。

（2）保障学生的学习活动有序进行。在以学习者为中心的课堂上，教师作为学习活动的引导者和监督者，能够保障学生科学、有序地开展学习活动。在组织课堂教学时，教师能根据教学目标和教学计划耐心地引导学生开展学习活动，达到设定的学习目标。虽然有时会出现一些计划之外的突发事件，但教师能够灵活地进行变通，引导学习者调整学习活动，完成学习任务。除此之外，教师还能有效管理课堂纪律，为学习活动的开展创建环境。

2. 教师能鼓励学习者发挥自主性

在以学习者为中心的课堂上，教师会鼓励学习者充分发挥他们的积极性和自主性开展学习活动，例如鼓励他们根据自身情况制订学习计划，参与课堂教学；鼓励他们回答教师的问题，踊跃发言。鼓励学习者们互相尊重彼此的意见；鼓励他们多与同学进行交流，分享自己的意见和看法。

3. 教师能根据学习者的反应调整教学行为

在组织和开展以学习者为中心的课堂教学活动时，教师能够根据学习者的反应灵活地调整自己的教学行为。例如有时在教学活动中会出现一些突发状况，这些状况会影响正常的教学秩序、引发学习者产生意想不到的反应，此时教师应当根据学习者的反应和状态灵活地调整自己的教学行为，以顺应课堂的变化。在教学活动的开展过程中，教师还应具备监测学习者细微变化的能力，教师应能够根据学习者的表情或动作来判断学习者是否在认真学习，或者是否在学习过程中遇到了什么困难，然后及时调整教学思路，改变教学方法。

4.教师能给学习者提供明确、合理的反馈

在以学习者为中心的课堂上，学习者经常会遇到一些需要解答的疑问。针对学习者的这些疑问，教师应当仔细倾听，认真思考，给学习者提供明确、合理的反馈，帮助学习者寻找问题的答案；如果有些问题没有时间在课堂上解决，或者一时间无法解决，教师也要提前告知学习者，并在课余时间继续与学习者进行讨论。

二、互联网时代以学习者为中心的教学方法

（一）尊重学生的主体地位

在互联网时代的高校英语教学中，教师应该以学生为中心开展教学活动。只有做到以学生为中心，尊重学生的主体地位，才能激发学生学习英语的积极性和主动性，才能充分发挥学生的主观能动性，从而有效提高英语学习效果。具体分析，英语教师充分尊重学生主体地位的教育理念主要包括以下几个方面的含义。

1.英语教学工作的规划和开展都要以学生为中心，在教学内容的选择上也要充分考虑学生的学习需求和身心特点。

2.教学方法的选择和教学活动的设计需要充分考虑学生的学习特点和实际需求，要注意培养学生的综合素质。

3.英语教师要引导学生正确认识学习对于自身成长与发展的重要作用，并帮助学生确立自主学习的意识和信念。在日常的教学活动中，英语教师要注重培养学生自我管理能力和自主学习的策略，鼓励学生制定自主学习的计划，并养成独立思考、独自解决困难的习惯。

（二）利用信息技术创设课堂环境

在学习者为中心的课堂教学中，英语教师应充分利用多媒体技术、网络技术等现代信息技术及设备营造英语学习的课堂环境，这将有利于学习者开

展自主学习和合作探究式学习。

1. 现代化学习环境有利于培养学习者的主人翁意识

与传统的学习环境设置不同,在以学习者为中心的课堂环境中,桌椅往往以圆桌的形式进行摆放,学习者围成一圈,一个人发表意见,其他人都能清楚地看到,这种环境有利于学习者开展共享与合作,从而更好地开展学习活动、完成学习任务;此外,还有一些教室配备了网络和计算机,方便学习者上网查询学习资料,这也是以学习者为中心学习环境布置的体现。

与此同时,还有很多高校教育工作者利用互联网信息技术为教师和学生搭建了网络学习交流的平台。网络学习交流平台不仅可以供教师布置作业、批改作业,还可以用于学习者开展在线提问、互动,为学习者在课下学习英语提供了条件。

2. 现代化的学习条件有利于促进学习者开展学习活动

现代化的学习条件包括互联网背景下信息化的学习工具和学习资源。在以学习者为中心的课堂教学中,英语教师应充分发挥网络技术、多媒体技术、计算机技术等现代信息技术及其设备的作用,为学习者提供实用的学习工具和丰富的学习资源,并传授给学习者这些工具和资源的使用方法,引导学习者利用这些工具和资源开展学习活动,完成学习目标。

例如英语教师可以向学生推荐一些学习英语知识的软件或小程序,帮助学生制定学习目标和学习计划,并跟进学生的学习进度,这不仅有利于激发学生学习英语的兴趣,还能调动学生学习的积极性,增加了学生课外接触英语的时间,为学生营造了学习英语的氛围。

第二节　激发学习动机

根据相关研究表明,动机在影响第二语言习得的主要因素中占33%的比重。所谓动机,就是对某种活动有明确的目的性,以及为达到该目标而作出一定的努力。对第二语言学习者来说,想要学好一门语言,首先要有强烈的学习愿望，继而产生学习的动力，最后付诸行动。在我国，学生是第二语言学习者的主力大军，但中学生在上大学之间是为了取得较好的高考英语成绩而学习外语的，上大学之后是为了等级考试和学分而学的。

因而高校学生中有相当一部分人的学习动机是短期的、外在的被动性动机，许多学生虽然也能意识到学习英语的重要意义，但由于缺乏内在的、深层次的主动性动机，所以平时学习英语并不努力，对自己的英语成绩也没有很高的要求。他们很少考虑英语语言交际的功能需要以及英语的实际运用能力。在学习英语的过程中遇到困难不是想办法克服困难、战胜困难，而是选择避而不见，选择放弃学习。因此，互联网时代背景下英语教学与信息技术融合应用的另一理念支撑是要激发学习者学习英语的动机。

要激发互联网时代学习者学习英语的动机，就要先找到激发英语学习动机的方法与途径；要找到激发英语学习动机的方法与途径，就要先了解影响互联网时代背景下英语学习动机的基本要素。如表3-1所示，根据目前的研究流派，影响互联网时代背景下英语学习动机的基本要素可分为五种类型：

表3-1 影响互联网时代背景下英语学习动机的基本要素类型

类型一	类型二	类型三	类型四	类型五
三要素	四要素	五要素	六要素	七要素
教师	教师	教师	教师	教师
学习者	学习者	学习者	学习者	学习者
教材	教学内容	教材	教学内容	教学内容
	教学方法	教学方法	教学方法	教学方法
		教学工具	教学工具	教学环境
			时间	
			空间	
				教学目的
				教学反馈

从表3-1可以看出，教师、学习者、教学内容、教学方法、教学工具、时间、空间等要素都可能会影响互联网时代背景下英语学习的动机。本书认为，教师、学习者、教学材料（学习材料）、教学环境（学习环境）是四项

最基本的影响要素，它们相互联系，互相制约，对英语学习者学习动机的培养发挥着重要作用。它们与英语学习动机之间的关系如图 3-1 所示。

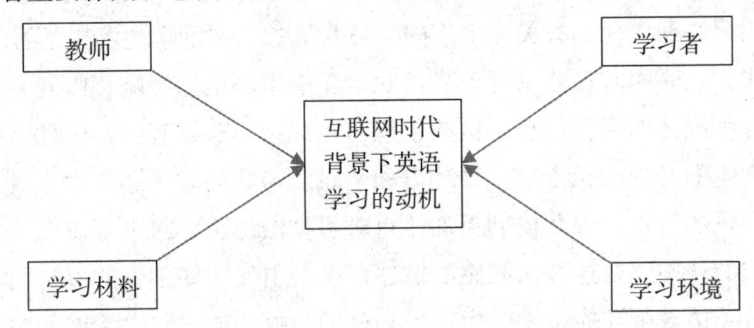

图 3-1 影响互联网时代背景下英语学习动机的四项要素

接下来，我们就这四项基本要素展开详细论述。

一、教师要素

在互联网时代背景下英语教学与信息技术融合应用的过程中，英语教师不仅是教学活动的引导者、组织者，还是学习问题的咨询者、学习行为的评价者，英语教师在发挥以上角色作用的过程中不断激发学习者的学习动机，保证学习者的学习热情。具体分析，英语教师可以从以下三个方面出发激发学习者的学习动机。

（一）熟练掌握英语教学相关素养和知识技能

互联网时代背景下的英语教学是近些年来随着信息技术的发展而出现的一种创新教学模式，因此很多英语教师还不知道如何充分发挥信息技术促进英语教学发展的作用。在这种情况下，英语教师应迅速掌握信息技术与英语教学融合应用的职业道德素养和信息素养，保证教学活动的顺利进行；并以专业的知识和技能给学生做好英语学习的榜样，从而在最大程度上激发学习者的学习动机，使他们以饱满的热情和良好的状态投入到英语学习中来。

1. 掌握英语教学职业道德素养和信息素养

（1）掌握英语教学职业道德素养。互联网时代背景下高校英语教师需要培养并掌握的职业道德素养主要包括以下三个方面的内容：

首先，互联网背景下开展的教学活动中，教师与学生之间的沟通与交流不再限定为面对面交流，而更多的是人与机器的交流。这种新的交流模式必然会给人们带来一些疑问和困难，这就要求英语教师具备过硬的品德修养以更强烈的耐心和责任心去关注学生的学习和成长，帮助学生解决学习问题。

其次，互联网时代背景下，高校学生受虚拟环境的影响接收着来自各个渠道、各种媒体的海量信息，这些信息鱼龙混杂，有好有坏，因此这些信息对高校学生的心理成长也是一种冲击和考验。与此同时，高校学生具有个性化、多样化的特点，因此他们更加注重对事物的体验，对平等观念、个性发展有很强的认同感，这种认同感的敏感程度会引发一些学生的成长问题。因此，高校英语教师还应帮助学生培养自己的品德，通过与学生展开沟通了解学生的兴趣爱好和心理动向；也可以给学生推荐一些英文课外读物，帮助学生更好地融入到集体中去。

最后，教师还可以利用互联网给学生推荐一些有价值的电子书和视频文件，帮助学生树立积极向上的心态。教师与学生可以利用微信群、QQ群、钉钉群等形式参与互动交流，及时了解学生遇到的问题，帮助学生解决问题，防止各类恶性事件的发生。

（2）掌握英语教学信息素养。信息素养的概念是二十世纪七十年代由美国信息产业协会的主席保罗·泽考斯基提出的。研究证明，高校教师如果具有较高的信息素养，就能认识到完整与精确的信息是扮演好合理角色的基础；就能够确定对信息的需求，并通过对信息的分析提出问题；就能够确定哪些信息源是潜在的，从而根据这些信息源制订成功的检索方式；就能够具有获取、组织、使用、评价信息的能力。因此，高校英语教师需要养成信息化教学的习惯，以促进自己知识结构的多样化发展。

在互联网时代背景下，高校英语教师提升教学水平的关键方法在于掌握互联网技术、多媒体技术等现代信息技术以及具备较高的信息素养。高校英语教师可以从以下四个方面出发培养自己的信息素养：

第一，具备良好的信息搜集意识，利用现代信息技术从来源广泛、种类繁多的信息资源库中找到可用于教学活动的、有用的信息，从而掌握英语这一专业学科的发展动向。与此同时，英语教师还应该通过细心观察抓住学生的信息，从而把握他们学习的状态和心理变化，为学生的健康发展、全面发展奠定基础。

第二，具备较强的信息获取和存储、信息加工和筛选、信息组织和合成的能力，这些能力的形成也离不开对现代信息技术的熟练应用，这是英语教师具备较强信息素养的核心。

第三，具备较强的信息运用能力，能利用掌握的信息从事英语方面的研究与实践工作，这一能力的形成有助于英语教师科研能力的培养。在互联网时代背景下，高校英语教师需要具备非凡的科研能力，首先要求教师具备基本的研究方法，如教学实验法、问卷调查法、访谈法、文献法、个案研究法等。在具体的实施中，教师可以从自己的需要出发，选择与自己相符合的研究方法。科学研究可以促进教学的开展，教学的开展又能带动科研的进步，在教学中发现问题，在研究中解决问题，可以有效地提高教师的综合素质能力。

第四，具备了解最新动态、及时捕捉前沿信息的能力。这一能力的形成要求英语教师要时刻关注网络技术背景下各种信息的动态，如教育部最新的教育政策、本专业学科最新的发展动态、学生关注的热点信息等。

2. 掌握英语教学相关知识技能

互联网时代背景下信息技术与英语教学的融合应用需要高校英语教师具备专业的知识技能，也就是扎实的语言基本功。所谓语言基本功，是指英语教师能够把握和驾驭英语语言知识和相关应用技能，能熟练地运用英语这一门语言进行授课，这是身为一名高校英语教师最基本的素质要求。

在互联网时代背景下，高校英语教师最重要的业务素质是具有较强的英语表达能力和写作能力。这主要是因为，在网络环境中，高校英语教师需要运用英语语言文字和口语进行教学和交流，英语教师只有思维逻辑顺畅、表述问题清晰，才能与学生进行良好的沟通。与此同时，英语教师还要引导学生培养自己的批判性思维、掌握不同文化之间的异同，对外来文化有选择性的进行吸收，进而丰富学生的知识储备，提高学生的人文素养。

除了要具备基本的英语语言知识，高校英语教师还需要通过不断地学习与积累，掌握除英语语言之外的知识。这主要是因为在互联网背景下，学生所提出的问题具有开放性，既不能预测，也无法设定结果。也就是说，在非英语专业领域，教师与学生的起点是一致的，如果教师没有足够多的知识储备，那么就很难与学生继续讨论相关话题，也无法在学生面前树立教师的

形象。

（二）充分了解学习者的状态

互联网时代背景下信息技术与英语教学的融合应用要求英语教师了解学习者的学习需求，引导学习者开展学习活动并解答他们在学习过程中遇到的问题，这些行为对于激发学习者的学习动机十分有利，因为这将会使学习者意识到自己的学习是有专业教师指导的，是有意义的、科学的、可能成功的。而英语教师要想提高教学指导的有效性和针对性，首先要对学习者的状态有一个准确、清晰的把握。具体来说，英语教师需要了解学习者的学习目标、基础水平、性格特征、兴趣爱好、学习态度等学习特点及学习状态，为学习者推荐学习策略、制订学习计划。接下来我们分别以学习目标和性格特征、兴趣爱好为例讲述激发学生学习动机的方法策略。

首先，学习目标是学生对学习结果的期待，也是促成学习动机的重要因素，有了目标就能更好地开展学习行为。学习目标根据学习时间的长短可分为长远目标和近期目标。在参与信息技术与英语教学融合应用的各个环节，学生都要为自己制定明确而具体的学习目标，并注意将近期目标和长远目标相结合。例如，《课程要求》根据不同学校、不同学生的情况提出了三种不同类型的要求，即"一般要求""较高要求"和"更高要求"。

"一般要求"是高等学校非英语专业本科毕业生应达到的基本要求，是每个高校毕业生必须实现的学习目标；"较高要求"和"更高要求"是对那些英语基础水平较好、想要进一步提升自己英语应用能力的高校学生设置的。高校英语教师可以根据学生的实际需求和英语水平帮助学生制订学习目标，并以此作为学生的长期学习目标，然后再将其进行分解和细化，确定每个学期、每个单元、每个星期乃至每天的学习目标，为学生学习英语提供持久的动力。

其次，由于兴趣是最好的老师，学生对于自己感兴趣的知识内容总是保持着强烈的学习动机。因此，高校英语教师应该针对高校生不同的性格特征和兴趣爱好因材施教，激发学生的学习动机，发展每个学生独特的英语应用能力。因为在高校阶段，学生基本都已经成年，其身心特征已经发育完全，其个性特征也已基本形成，而每个学生不同的个性特征会影响甚至决定其适

合发展的英语应用能力。例如有的学生心思细腻、性格沉稳，那么他可能更适合读写类或笔译类应用能力的培养；有的学生性格活泼开朗，喜欢与人沟通，那么他可能更适合听说类或口译类应用能力的培养。总而言之，教师在激发学生的学习动机，培养学生英语应用能力的过程中应充分关注学生的个性特征和兴趣爱好，参考学生的个性和兴趣制定学生能力培养的方案。

(三) 及时向学习者提供反馈

在学生的心目中，教师是引导他们学习和掌握学科专业知识的领路人，是专业和权威的象征，因此，教师的言行对他们的学习有很大的影响作用。在高校英语教学中，教师的反馈不仅能调节和强化学生的英语学习，还能使学生感受到教师对自己的关注，从而产生更大的学习动力。根据信息传递的不同方式，教师的反馈主要体现在以下两个方面。

1. 实时反馈

实时反馈是指学习者向教师发出信息后能够立刻收到回复的行为，此时学生与教师之间的沟通与交流没有时间上的限制。例如学生在课堂上就自己没有听懂的知识点向老师提问，请老师解答，老师当场给出答案和解释的行为就是一种实时反馈。

2. 非实时反馈

所谓非实时反馈是指学生向教师发出信息后没有马上收到回复，而是在等了一段时间后才收到回复的行为，此时学生与教师之间的沟通有时间上的滞后。例如当学生和老师利用网上交流平台进行信息沟通与交流时，学生给老师留言提出了一个学习过程中遇到的难题，老师由于某些原因没有登录平台及时回复，而是看到之后才回复的，这种行为就属于非实时反馈。

二、学习者要素

互联网时代背景下要培养和激发高校学生的英语学习动机，还可以从学习者要素角度出发考虑。事实上，从学习者要素视角出发，动机的形成需要学习者在自我调节功能的作用下，协调自身的内在需求与行为的外在诱因，进而激发和维持影响个体行为的动力因素。也就是说，一个完整的学习动机由三方面的因素组成，即学习者的自我调节能力、内在需求以及外在诱因。

（一）学习者角度形成学习动机的方法

1. 自我调节能力的培养

自我调节是连接和协调动机的内在起因与外部诱因的中介桥梁。教师在开展教学活动中要对学生的学习效果进行合理的预期，学生也要对自己的学习行为有合理的预期，根据预期来调整自己的学习行为、学习目标和学习方法等，使学习的行为方案符合自己的内在需求；教师在教学过程中则需注意及时向学生反馈他们的学习效果，让学生时刻掌握自己的学习水平和进展，从而清楚自己的定位，调整自己的学习动机和学习目标。

2. 内在需求的培养与激发

动机来源于学习者的内在需求，因此教师要从学生的内心世界出发唤醒他们学习的状态。将学习者的内在需求与学习目标联系在一起，就能将学习者的基本需求状态转化为唤醒状态，进而形成具有一定能量和方向性的驱动力。驱动力是展开行为的直接动因。在实际的教学活动中，教师要引导学生通过仔细认知和理解自己的学习目标来加强学生的内部唤醒状态，进而提高其学习的内部驱动力水平。如果英语学习者能成功开发出这种学习动机，那么他们的英语学习就能持久，就不会轻易放弃，也正因为他们的内心深处对英语学习有坚定的想法，因此他们在学习过程中不容易受外界的干扰，比较能集中精力和注意力。对于英语教师而言，他们需要做的就是根据教学目标和教学内容，搜集整理相关资料信息，为学生创设英语学习的语言情景，帮助学生扩展语言应用知识，不断激发学生的学习需求和学习兴趣。

3. 外在诱因的设置与运用

动机的外在诱因主要是指针对学生设置的行为目标和奖惩办法。英语教师在开展英语教学活动的过程中要根据学习者个人的具体情况设置教学目标，教学目标的水平要高于学生现有的英语水平，既要让学生感到有挑战性又不宜过于困难，并且可以结合学生的学习目标设置，只有这样才能有效调动学生学习的积极性，让学生在完成目标的过程中体验成功的快乐，并形成为长期学习目标奋斗的动机。

美国某著名心理学家曾表示，在提高学习效果的方法形式中，表扬起到的作用要远远大于忽视、批评等否定形式起到的作用。因此在教学活动中，

英语教师要多关注那些自信心不足、害怕失败的学习者，要鼓励他们的学习能力和进步表现。虽然在教学过程中惩罚学生的目的是帮助学生克服学习过程中出现的注意力不集中和学习不努力的行为，但惩罚行为往往会伤害学生的自尊心和敏感情绪，引起学生的不满，因而不适合经常使用。

（二）帮助学习者形成积极的归因方式

积极的归因方式有助于激发、推动学习者的学习动机，消极的归因方式则会抑制、损害学习者的学习动机。因此，英语教师要帮助学习者形成积极的归因方式。所谓归因，就是个体对自己或他人行为结果产生的解释或推论。在开展学习活动的过程中，每个学生都会体会到自己的学习行为带来的成功或失败，也能用各种理由解释自己的成功或失败。归因判断是否得当，直接影响到学生的学习心态和自我能力判断。如果学生把失败归因于学习方法不当、努力程度不够时，那么他们就会尝试改变学习方法或者更加努力地学习；如果学生把失败归因于自己的学习能力和学习智商，那么他们可能就会对自己失去信心。

因此，英语教师要让学生对自己的学习智商和学习能力具有充分的自信，指导学生总结学习成功或失败的经验教训，成功的经验值得表扬和继续坚持，失败的经验也十分宝贵，要引导学生客观评论失败的原因并吸取经验教训，争取下一次不会犯同样的错误，培养良好的归因心理。通过这种训练，改变学生的归因方式和分析问题的角度，从而提升学生学习英语的自信心与积极性。

（三）促进学习者自主学习能力的培养

互联网时代背景下信息技术与英语教学的融合应用使英语教学资源呈现出开放性、丰富性和虚拟性的特征，这就要求英语学习者不断提高自身的自主学习能力。英语教师要帮助学习者提高其自主学习能力，首先要了解自主学习的概念。根据系统论的观点，我们可以从两个角度来认识和理解自主学习的概念，我们既可以把自主学习理解成一种活动，也可以将其当作一种个人能力。具体分析，自主学习作为一种活动是动态的，不断变化的，由其先后执行的程序和子过程或者说是活动机制构成；自主学习作为个体的一种能

力来讲本身是一个比较稳定的系统，该系统有相对稳定的内部结构和构成成分，且作为一种能力来说，它的培养和形成需要经历较长的时间。对于英语教师来说，可以通过施行以下几点措施来帮助学习者提高自主学习的能力。

1. 向学习者说明教师与学习者各自的角色定位与应完成的任务，尤其让学习者明确自己需要承担的学习任务，帮助他们树立自主学习的意识。

2. 鼓励学习者遇到困难先自行寻找解决的办法，培养他们独自解决问题的能力和习惯；其次再向同学或教师求助。

3. 培养学习者的合作精神，当学习者需要与他人进行合作才能完成学习任务时，就需要学习者勇敢地表达自己的观点与看法，并做好自己分内的工作。

4. 引导学习者利用表格、文档记录自己的学习情况，并传授给学习者内省法、反思法等实用自主学习方法。

5. 引导学习者对语言准确性与流利程度之间的关系进行理解与评价。

6. 引导学习者认识到同伴之间互相学习、互相帮助、共同提高的重要性。

三、学习材料要素

互联网时代背景下要培养和激发高校学生的英语学习动机离不开对英语学习材料的准确选择。学习材料直接影响着学习者的学习内容，因此对学习者的英语学习来讲至关重要；对于英语教师来说，他们需要修改资料、为学习者提供指导。因此，学习材料要素应从学习者与教师两个角度来分析。从学习者角度分析，现代信息技术背景下的学习材料应该有助于学习者体验到学习上的进步，从而为积极开展自主学习奠定基础；从教师角度分析，现代信息技术背景下的学习材料应该有助于教师高效开展教学工作，进而更灵活地安排教学时间、制订教学计划。综合以上分析，学习材料的选择应遵循以下五项原则。

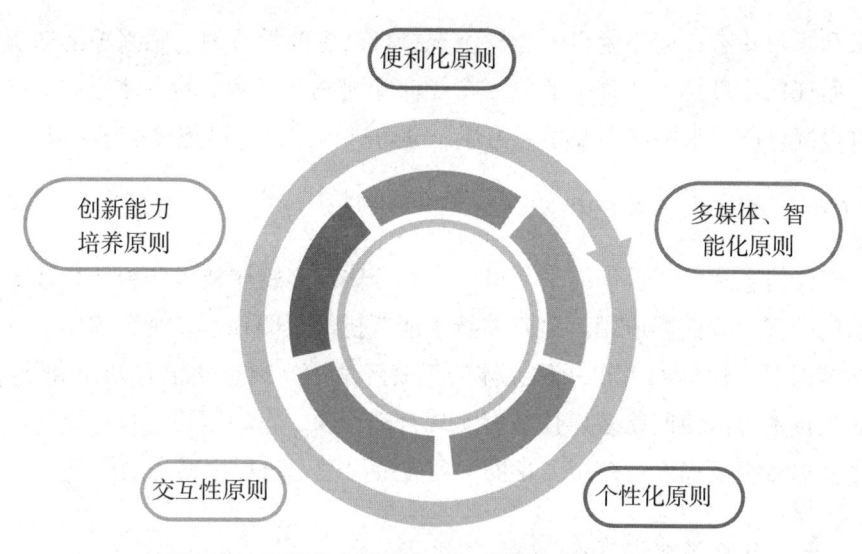

图 3-2　现代信息技术背景下选择学习材料的原则

（一）便利化原则

方便操作是现代信息技术背景下开展英语教学与英语学习必须具备的条件，只有这样才能将互联网时代应用各类信息技术辅助英语教学的优势充分发挥出来，才能帮助英语教师和学习者提高教学与学习的效率，从而提高教学水平、完成教学任务。

（二）交互性原则

交互性原则要求现代信息技术背景下的学习材料选择要考虑以下两个方面的因素：第一，材料能够在网上教学平台上实现资源共享；第二，材料设置能够满足学习者查找学习知识及其他参考资料的要求。由此可见，交互性原则与便利化原则息息相关，交互性原则也是为了保证学习者学习英语的便利程度。

（三）个性化原则

现代信息技术背景下的学习材料应该满足学习者的个性化学习需求，应有利于学习者综合能力的培养与提升。这主要是因为在传统的课堂教学模式下教师要同时面对众多学生讲授同样的内容，往往不能兼顾所有学生的学习效果和学习状态；而学生也不能自主选择自己想要学习的、感兴趣的知识内容。而现代信息技术背景下的网络在线课堂则放大了学生的主体意识，学生可以根据自己的水平能力和学习习惯、学习进程选择自己想要的学习内容。

（四）多媒体、智能化原则

现代信息技术背景下的学习材料应充分体现多媒体技术和智能化技术在辅助英语教学方面的应用。多媒体技术能有机结合图片、动画、视频、音频等媒体因素，使学习者在一种立体的感观环境中掌握英语语言知识和技能；智能化技术可以使网络多媒体教材实现自动诊断、自动回答、自主更新，并对真实的教学过程进行模拟，帮助学习者解决学习过程中遇到的问题。

（五）创新能力培养原则

现代信息技术背景下的学习材料选择应该对材料内容的科学性、系统性和创新性给予充分关注，应该有利于英语教师和学习者创新能力的培养。对于教师来说，创新是教学的灵魂，也是教学的最高境界。教师的创新能力是区别"经验型"教师与"专家型"教师的根本标志。所谓创新能力，是指教师能否根据教学内容、情境和对象的变化，创造性地运用教学理论和教学方法以达到教育目标的能力。创新既遵守基本的教育规律，而又不被条条框框所束缚，使教学过程的空间得到拓展并富有弹性，充分体现教师的教学机智。对于学生来说，创新能力对于发展自身的综合能力素质来说至关重要，时代的发展和社会的进步也需要学生发展自己的创新思维和创新能力。

四、学习环境要素

通常情况下，学习环境是指学习者用来丰富知识储备和提高个人技能的场所。传统的学习环境包括教室、图书馆、实验室、技能培训室等。随着现代信息技术的发展与应用，学习环境也发生了显著的变化，呈现出由现实向虚拟转化的趋势，总的来说，现代信息技术背景下的学习环境要素主要包括以下两个方面的内容。

（一）硬件环境

硬件环境是互联网时代背景下融合信息技术与英语教学的前提与基础。硬件环境由计算机设备、多媒体设备、录音设备等信息设备组成。这些信息设备的配置情况和空间特征以及设备本身的稳定性、兼容性、安全性、拓展性等都属于硬件环境包括的范围。

（二）软件环境

软件环境的优劣直接影响互联网时代背景下信息技术与英语教学融合的效率与质量。软件环境主要包括学习软件的适用性、操作便利性以及现代信息技术提供的技术支持、教学支持等。软件环境的具体范围包括以下几点内容：学习界面是否清晰易懂、软件图标是否直观形象、软件设置的学习内容是否符合教学需要、网页链接是否都能打开且没有错误。

第三节　关注学习风格

通过了解学习者的学习风格，教师可以更深入地认识到学习者的学习习惯和学习过程中容易遇到的问题，并有针对性地加以解决。在互联网时代背景下融合信息技术与英语教学时，英语教师应该学会肯定和尊重每一位学习者的学习风格，做到个性化教学。这不仅能培养学习者学习英语的兴趣，增强学习者开展学习的灵活性，还可以有效提高学习者的自主学习能力。由于学习者的学习风格各有差异，因此教师需要先了解什么是学习风格以及学习风格的分类。

一、学习风格的定义

关于学习风格的定义，国内外的专家学者提出了不同的看法。

美国中学校长联合会主席凯夫（Keefe, J.）认为，学习风格是学习者在学习过程中呈现出来的特有的认知行为、情感行为和心理行为方式，这三种行为方式相对应的学习风格三要素就是认知风格、情感风格和生理风格。学习风格整体上具有相对稳定性特征，可以用来衡量学习者是如何与学习环境相互作用并进行反应的，与学习者的知觉相关。

美国纽约圣约翰大学学习与教学风格主任邓恩（Dunn）夫妇将学习风格定义为：学习者全身心投入地学习、理解并掌握新知识的方式或面对困难问题时所采用的解决方式。这种学习方式和解决方式受学习者天生的生理特征、习惯性的心理特征、自身情感因素的变化以及环境变化的影响。

瑞德（Joy M. Reid）强调学习风格应是学习者自然地、习惯性地吸收、储存和处理新信息的方式和掌握新技能的方式。

英国心理学家帕斯克（Pask, G.）认为，学习风格是学习者在学习过程中倾向于选择的某种特殊方法策略的倾向。

谭顶良先生对学习风格的定义是：学习风格是学习者在学习过程中表现出来的具有个性化的认知方式和处理信息的方式，带有整体性和稳定性的特征。学习者本身可能感受不到自己的学习风格。学习风格在先天生理因素和后天外界因素的双重影响下形成，先天生理因素例如学习者的个性特征、认知特征，后天外界因素包括家庭教育、学校教育、社会教育等影响因素。

虽然国内外的专家学者们基于自己的研究对学习风格的概念定义给出了不同的解释，但通过比较分析可以发现，他们对学习风格的理解体现出很多相似之处，这些相似之处表现在以下三个方面。

第一，表示学习风格与学习者习惯使用的学习方式或策略有关。

第二，表示学习风格具有稳定性和独特性特征。

第三，认为学习风格具有可塑性和相对性特征。

学习风格是学习者个性的一种体现，是在长期的学习过程中逐渐形成的，学习风格不会随着学习内容或教学方式的变化而变化。但学习风格也不是固定不变的，学习者内部因素和学习条件等外部因素会使学习风格发生一些变化。不同的学习者有不同的学习风格，学习风格有如人的性格特征，没有优劣之分，任何一种学习风格都可能帮助学习者取得学习上的进步和成功。

二、学习风格的类别

（一）不同专家学者对学习风格的分类

不同的专家学者从不同的研究视角出发，将学习风格进行了分类。

1. 凯夫对学习风格的分类

凯夫将学习风格分为认知风格、情感风格和生理风格三种类型。其中：

认知风格包括场依赖型和场独立型、趋异型与趋同型、对认知域宽窄的选择、复杂认知与简约认知、记忆过程中信息的整合与分化等；

情感风格包括注意风格、期望与动机风格等；

生理风格包括男性—女性行为、与健康相关的行为、时间节律、环境因素等。

2. 谭顶良对学习风格的分类标准

我国学者谭顶良从生理要素、心理要素和社会要素三个层面提出了他对学习风格的分类标准，其中：

生理要素主要包括个体对外界环境刺激（如声、光、温等）的反应以及在接受外界信息时对不同感觉道的偏爱。

心理要素包括认知要素、情感要素和意动要素三个方面。其中认知方面包括辨别、归类、信息加工、分析与综合、沉思与冲动等；情感方面包括理性水平、学习兴趣、成就动机、控制点、抱负水准、焦虑水平等；意动方面包括坚持性、言语表达、冒险与谨慎、动手操作等。

社会要素主要包括独立学习与结伴学习、竞争学习与合作学习。

3. 所罗门对学习风格的分类

所罗门（Barbara A. Soloman）从信息加工、感知、输入、理解四个方面将学习风格分为四组八个类型。它们分别是：活跃型与沉思型、感悟型与直觉型、视觉型与言语型、序列型与综合型。其中：

活跃型学习者倾向于通过实际行动、互相讨论或解释给别人听来掌握信息；而沉思型学习者擅长安静地思考问题，这并不是说沉思型学习者不具备动手操作的能力，而是他们喜欢先思考再行动。每个学习者都是活跃型与沉思型的结合体，只是倾向程度不同。

感悟型学习者喜欢学习既定的事实，他们对细节问题更关注也更有耐心，而直觉型学习者倾向于发现事物之间的联系和可能存在的问题，擅长理解和掌握新概念、新公式；在课程学习上，感悟型不喜欢与现实生活没有什么联系，即没有显著实用性的课程，直觉型不喜欢有很多需要记忆和进行常规计算的课程；在工作中，感悟型学习者不喜欢面对紧急情况或复杂情况等需要灵活处理的突发状况，而直觉型学习者不喜欢做内容重复、没有创新的工作，因此直觉型学习者比感悟型学习者工作得更快、更有创新性。每个人都是感悟型与直觉型的结合体，只不过倾向程度有所不同。

视觉型学习者的视觉学习能力较强，他们擅长记忆他们看到的图片、表格、流程图、视频、影片中展示的内容，言语型学习者更擅长从文字和口头表达中获取需要学习的信息。当视觉信息和听觉信息同时呈现时，每个人就能获得同样多的信息。互联网时代背景下现代信息技术的应用能为学习者提供更多、更丰富的视觉信息，有利于学习者的知识经验积累。

序列型学习者习惯按线性步骤理解问题、获取知识，每一个学习步骤都合乎逻辑地紧跟前一步，综合型学习者则习惯大步学习，吸收没有任何联系的随意材料，然后突然获得它；序列型学习者遇到问题时倾向于按照已掌握的程序或步骤寻找答案，因此他们的行为多是科学的、合理的；综合型学习者面对复杂问题或许能更快地找到解决的办法，一旦他们找到问题的主要部分就能用不符合常规的方式将问题解决，但他们却很难解释清楚他们是如何工作的。

（二）本书对学习风格的分类

本书认为，可以按照学习者的个性特征、认知方式和感知方式对学习风格进行划分。

1. 以个性特征为标准进行划分

不同的学习者受先天因素和后天环境的影响展现出不同的个性特征，他们的个性特征是影响他们形成不同学习风格的重要因素。根据个性特征的不同，学习者的学习风格可以划分为以下三种类型。如图 3-3 所示：

图 3-3　学习风格的分类——以个性特征为标准

（1）外向型与内向型。通常情况下，外向型学习风格的学习者性格开朗，擅长和别人沟通、交流，兴趣爱好也十分广泛；在课堂上，他们会积极响应教师的提问，踊跃参与教师组织的学习活动；在学习英语的过程中，他们会勇敢地表达自己的观点和疑惑；内向型学习风格的学习者性格内向，擅长独处，不擅长社会交际，兴趣爱好也相对较少；在课堂上，他们也习惯独立思考，不太愿意参与讨论、辩论；在学习英语的过程中如果遇到什么问题也不擅长表达。

（2）直觉型与程序型。一般情况下，直觉型学习风格的学习者擅长观察事物的发展情况，习惯使用抽象思维来推测事物的发展规律，喜欢发展与变化；程序型的学习者则擅长从已知的角度观察事物的发展，习惯按部就班地学习和工作，喜欢传统，不喜欢改变。

（3）开放型与封闭型。开放型学习风格的学习者善于收集和归纳已有的资料信息，但并不着急得出最终的结论，只有他们认为自己已经收集到足够多的资料之后才会作出结论。这一类型的学习者喜欢顺其自然的学习方式，不受既定规则的限制，擅长开展发现式学习。封闭型学习风格的学习者习惯在开始行动之前制定学习计划，要求自己在规定的期限内得出结论、完成任务，封闭型学习者希望在学习活动中得到明确的指令和解释，不接受模棱两可的答案。

2.以认知方式为标准进行划分

认知方式是人们分析、组织、理解新信息的方式。认知方式和思维方式的不同也会影响学习者的学习风格。根据认知方式的差异，学习风格可以分为以下三种类型。

图 3-4　学习风格的分类——以认知方式为标准

（1）场依赖型与场独立型。根据学习者处理信息时对自身的依赖程度可以将学习风格划分为场依赖型和场独立型。其中场依赖型的学习者在学习过程中会比较容易受到外界环境的影响，需要依靠教师或其他同学的帮助才能完成学习，习惯从整体角度出发进行思考，不擅长独立思考和解决问题；场独立型的学习者则恰恰相反，他们一般比较关注细节问题，善于独立思考和解决问题，他们学习起来注意力会十分集中，不容易受外界干扰，因而也不需要教师和同学的帮助。但在现实生活中，场独立型的学习者比较少见，大多数学习者介于这两种类型之间。

（2）整体型与细节型。根据学习者接收信息的方式可将学习风格划分为整体型和细节型。顾名思义，整体型的学习者擅长把握事物发展的整体观念，能全方位地分析和解决问题，具有较高的直觉性和模糊性，但准确性和深刻程度不足。这一类型的学习者遇到问题之后习惯寻求他人的帮助。细节型的学习者善于对细节信息进行理解和记忆，从细节处着手分析和思考问题，并且善于发现不同事物之间的细微差异，进而找到问题的解决办法。

（3）左脑主导型与右脑主导型。根据学习者处理左右脑信息的能力强弱可以将学习风格分为左脑主导型与右脑主导型。其中左脑主导型的学习者会更加关注信息的细节部分，并且擅长通过逻辑推理和科学分析取得较好的学习效果。右脑主导型的学习者会更加关注知识点的主要含义，并且相信自己的直觉判断，能够灵活地处理学习过程中出现的问题。

3. 以感知方式为标准进行划分

学习者必然会通过感知方式进行信息的获取与学习，而不同的学习者会表现出不同的感知偏好方式。因此，以感知方式为标准进行划分可以将学习风格分为听觉型、视觉型和动觉型三类。

图 3-5　学习风格的分类——以感知方式为标准

（1）听觉型。听觉型是学习者运用听力开展学习的一种学习风格，也是大部分学习者会采用的一种风格。通过听，学习者可以接收和理解很多信息，虽然有些书面知识信息通过看也能获取，但有时教师讲授的知识信息教材上没有，学习者只能通过听来理解和应用。除此之外，听力更是口语教学和听力教学中需要学习者不断培养和提高的技能，因为不使用听力这两种教学活动就无法进行下去。这一类型的学习者习惯通过教师的口头讲授来获取知识信息，但不擅长书面表达。

（2）视觉型。视觉型是学习者运用视力开展学习的一种学习风格，通过使用视力，学习者同样可以获取自己需要的知识信息。视觉材料的优点是具有直观性，像图片、动画、视频类的材料还具有形象性特点，并且一般人们通过阅读文字获取信息的速度要比通过听力获取信息的速度快，也就是说，在相同的时间、条件下，人们通过阅读获取的信息量要比通过听力获取的信息量要多。通常情况下，视觉型的学习者会更加习惯通过板书或多媒体课件进行学习，他们自主学习的能力会更强一些。

（3）动觉型。动觉型是学习者通过参与实践开展学习的一种学习风格。学习者在实践中认知和掌握新的知识和技能。针对这种类型的学习者，教师可以根据他们的知识水平安排一些有难度的学习活动，并设置相关的学习任务，让他们通过挑战自我、完成任务获取新的知识技能。

三、互联网时代背景下关注学习风格的方法

互联网时代背景下现代信息技术的发展为学习者选择学习方式，打造学习风格提供了新的条件，学习风格的塑造与变化进一步影响了学习者的学习活动，也影响了整体的教学规划。因此英语教师在设计和开展教学活动的过

程中应十分关注学生的学习风格特点,具体分析,可以从以下几方面着手。

(一)提升教师专业的素养

学习者情感因素与外界学习环境因素影响着学习风格的塑造,积极的情感因素和良好的学习环境有利于塑造开放型和外向型的学习风格,进而推动学生的英语学习进程。因此可以通过培养学生的学习兴趣和营造良好的学习环境帮助开展教学活动。学生的学习兴趣与英语教师的人格魅力和专业素养有着密切的联系,与此同时,英语教师还影响着良好学习环境的创建,因此,英语教师要提升自身的教师专业素养。具体分析,英语教师可以从以下几个方面出发提升教师专业素养。

树立先进的教育理念
引导学生正确认识学习风格
加强理论知识学习
提升教学科研能力
提升教学实践能力

图3-6 提升教师专业素养的方法

1.树立先进的教育理念

英语教师要提升自身的专业素养,首先要树立先进的教育理念。随着国内外教育形势的不断变化,学校和教师的教育理念、教学目标、教学模式也发生了变化。广大英语教育工作者与教师开始接受新的教育理念。以学生为中心,着眼于学生的思想、情感、认知、需求、个性、发展、策略等,是新的教育理念的体现。

具体分析，以学生为中心的教育理念建立在学生应该自我控制、有责任自己作出决定的信念之上，学习者的需要不同，学习兴趣不同，学习方法也不同。语言教学计划和实施教学计划的教师应该向学生提供有效的学习策略，帮助学生找到适合自己的学习方式、发展完成课程任务所需要的技巧，鼓励学生树立自己的学习目标，使学生形成评价的技巧。

互联网时代背景下以学生为中心的教育理念重新定义了外语习得的概念。外语习得就是学生在一定的社会文化背景下，通过外界的帮助或自主学习的方式，以意义建构的模式来获取外语语言能力的学习方式。这一新颖的概念界定要求高校英语教学活动的开展要以学生为中心，教师为主导。教师的责任就是指导学生，参与学生的互动。教师和学生都是教学活动的主体，只不过他们的分工不同，教师主要负责教，学生主要负责学。总而言之，英语教师要树立以学生为中心的教育理念，这种教育理念不仅没有忽视教师的引导作用，反而强调了教师的监督和管理作用。

2.加强理论知识学习

英语教师要提升自身的专业素养，必须加强对教学理论知识的学习，教学理论是开展教学实践活动的基础。英语教师应学习并掌握系统的教学理论知识，其中不仅要包括英语语言知识理论、外语习得理论等英语专业的理论知识，还要包括教育学、心理学等跨学科的教学理论知识。除了这些常见的理论知识学习，英语教师还要学习和掌握科学的教育技艺观。教育技艺观将教学视为一种艺术，认为教学艺术的魅力在于教师个人的性格感召力、价值观感染力、敏捷思维影响力和创新意识催化力。

具体分析，教育技艺观强调一名优秀的英语教师应该具备三个方面的意识，即现代意识、改革意识和创新意识。受这三种意识的影响，英语教师会不断研究课程的时代性、实用性和独特性；英语教师能依据教材、超越教材、活用教材、发展教材；英语教师能对教学形势的需要以及教学形势的发展进行评价，从而创造、运用符合自身教学实际的教学策略。

3.提升教学实践能力

英语教师要提升自身的专业素养，必须提升教学实践能力。任何一门专业都对从业人员有基本的能力规定，这些能力就是该专业的基础性能力。英语教师作为承担英语教学任务的专业人员，不仅要掌握扎实的英语专业知识和外语教学知识，还要根据其所面向的对象、工作的场所和内容以及目标等方面来提升自身的教学实践能力。英语教师需要提升的教学实践能力包括以下四个方面的内容。

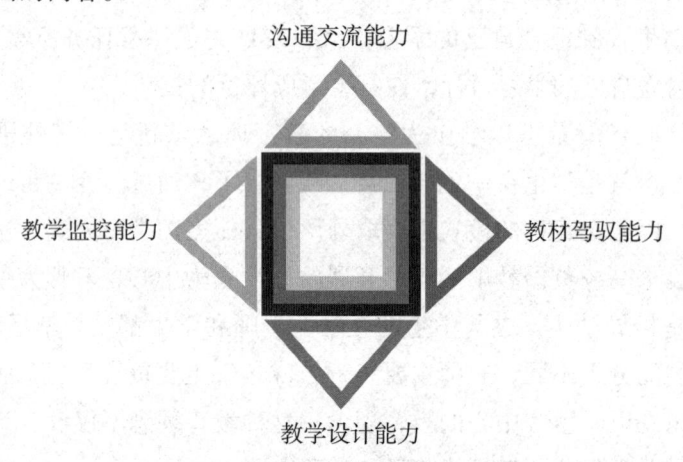

图 3-7 教学实践能力的主要内容

（1）沟通交流能力。现代教育教学理论已经不再把教学看成是知识输出和接受的过程，而是师生之间交流和对话的过程。所以，国内有学者提出"教育即交流"的命题，认为教育的过程实质上就是师生沟通的过程。在日常教学中，同一堂课，相同的教学内容，面对相同的学生，有的教师把握起来得心应手，有的教师的课堂却死气沉沉，其主要原因是教师沟通能力存在差异，无效或低效的沟通直接影响了教师的教学效能。因此，良好的沟通能力对于教师来说是最基础的能力。

英语教学尤其需要沟通和交流。学生英语能力的习得往往需要师生之间的充分互动。互动的过程其实就是沟通交流的过程。如果教师缺乏此方面的能力或此方面的能力不强，就很难达到较好的教学效果。教师要实现有效的沟通和交流，必须树立以学生的可持续发展为根本的思想，在教学中充分发扬民主，公平地对待每一位学生，耐心倾听每一位学生的心声，同时要注意沟通时的语言技巧，让学生乐于沟通，乐于参与课堂学习，进而热爱英语老师，热爱英语学习。具有充分有效沟通和交流的教学才是有效的教学，具有有效沟通和交流能力的教师才是真正胜任教学岗位的专业教师。

（2）教材驾驭能力。教材是教师教学最重要的辅助工具，在英语实践教学的过程中，教材是关键的组成部分。教材直接体现着教学内容，影响着教学方法。当提到教材时，人们往往会首先想到的是教科书，但随着教学理念的不断发展，教材的含义已经不再仅仅局限于教科书。教材的定义有广义与狭义之分，狭义的教材往往指的是教科书，而广义的教材泛指在英语教学实践中较适合学生使用的所有教学材料，包括教科书以及各种教学辅助书籍和材料。

英语教师的教学内容、教学方法和教学思维既源于教材，又超越教材，教师以教材为基础向学生传达英语的语言知识和语言技能。因此，优秀的英语教师必须拥有熟练的教材驾驭能力，充分利用教材辅助英语教学，而不是将教学模式局限在教材的框架之内。教师对于教材的把控和驾驭能力主要体现在教材的选择和教材的使用两个方面。

（3）教学设计能力。面对一个特定的教学任务，教师如何组织教材，如何设计教学程序，采用何种教学方法和技术来开展教学显得尤其重要。好的课堂设计可以使课堂教学跌宕起伏、妙趣横生，可以一下子紧紧抓住学生的注意力，激发学生求知的欲望。教学设计能力的高低与操作性知识的多少是密不可分的。但是，操作性知识丰富并不意味着教学设计能力强。英语教师要有意识地加强有关教学设计的研讨，不同的教学设计理念、不同的教学活动的选择、不同的教学媒体的运用都会在很大程度上影响教学效果，影响学生英语能力的习得、巩固和提升。

（4）教学监控能力。一堂课能否顺利展开，能否取得预期的教学效果，不仅有赖于教师的沟通能力和教学设计能力，而且还与教师的课堂管理能力密切相关，按照北京师范大学心理学教授林崇德先生的说法，这种课堂管理的能力就是"教学监控能力"。林崇德先生认为，教学监控能力是教师的核心能力。在一个有几十名学生的教学班，没有很强的课堂监控能力而要实施有效的课堂教学几乎是不可能的。如何有效地推进各种教学活动，如何确保各类学生在学习过程中都在各自的起点上获得应有的进步，如何确保小组合作学习有效实施等，都需要英语教师有很强的能力去掌控。这种教学监控能力其实是一种综合能力的体现，它没有明确的章法可以遵循，运用之妙，存乎于心，但是要做到随机应变、游刃有余的确非常不容易。

4. 提升教学科研能力

英语教师要提升自身的专业素养，必须提升教学科研能力。在互联网时代背景下，科研能力是英语教师必须具备的专业教学能力。科学研究可以促进教学的开展，教学的开展又能带动科研的进步，在教学中发现问题，在研究中解决问题，可以有效地提高教师的综合素质能力。英语教师要发展自己的科研能力，首先要了解基本的研究方法，如教学实验法、问卷调查法、访谈法、文献法、个案研究法等。在方法学习和应用的过程中，英语教师可以从自己的需要出发，选择与自己相符合的科学研究方法发展自己的科研能力。具体分析，英语教师应发展以下两个方面的科研能力。

（1）英语教师需要发展一定的科研开发能力和对英语教学的研究能力。英语教师要具备主持科研项目，追踪专业学科发展方向的能力，应该能利用自身的科研知识和科研素质解决在教学活动中遇到的实际问题，进而提高教学质量，促进教学发展。通过参加科研项目，提高自己的学术水平和科研能力，促进产学研三者的有机结合。

（2）英语教师还要发展通过参与科研提升教学水平的能力。英语教师要通过参与科学研究不断丰富、加深和更新自己的知识储备，从而丰富和充实教学内容，提高教学能力。英语教师还要用自己的科研思想和科研精神给学生带来好的影响，通过在教学中提出新课题，邀请学生参与课题讨论与实验，激发学生强烈的求知欲与创造欲，促进学生科研能力的提高和创造性思维的培养。另外，英语教师还需要具备信息加工、网络搜索、信息反馈等科研能力。

5. 引导学生正确认识学习风格

英语教师要提升自身的专业素养，还需要引导学生正确认识学习风格，使每一位学生形成对学习风格的科学认知：

（1）学习风格多种多样，没有优劣之分，每个人都有自己独特的学习风格。

（2）学习风格受学习方式因素影响较大，因此每个人都要努力探索适合自己的学习方式，因为只有选择适合自己的学习方式才能达到最佳的学习效果。

（3）学习风格不是固定不变的，因为学习条件和学习环境是变化的。基于这一情况，学习者要训练自己掌握在不同条件下开展学习的方式方法，因为只有在不同的条件下使用不同的学习方式，才能获得更全面的发展。

（二）采取多样化的教学模式

实践证明，在英语教学活动中采取多样化的教学模式是发掘学习者学习风格的有效途径。这主要是因为单一的讲解式教学模式已经无法满足当前学生学习英语的需求，不同学生具有不同的学习风格，单一的教学模式不利于他们适应教学活动，取得更好的学习效果；而参与式教学模式、多元智能教学模式等新型教学模式为学生学习英语创造了多样化的学习条件和学习环境，有助于教师发掘学生的学习风格。

1. 参与式教学模式

（1）参与式教学模式的概念。参与式教学模式是指在平等、自由和民主的教学环境中，教师以学生为中心开展的、教学方法和手段多样的、学生积极主动参加的、以促进学生全面发展和进步为目的的一种教学模式。与传统教学模式不同的是，参与式教学模式不再以教师和教材为教学活动的中心，而是以学生为中心，以学生为主体。主体参与教学活动不仅可以激发学生的主动性和表现力，还能活跃课堂气氛，营造学习氛围。通过主体参与，学生将有机会根据自己的学习需求和学习计划选择教学内容，对教学方法、教学进度提出自己的建议和意见，积极参与教学活动过程并评价教学过程、教学效果，从而充分发挥自己的主观能动性。

（2）参与式教学模式的方法应用。在参与式教学模式中，教学方法的应用会随着教学内容、教学目的以及学生情况的变化而变化。国内外参与式教学模式和方法有提问、角色扮演、小组讨论、案例分析、组织辩论等。由于篇幅有限，此处主要介绍两种参与式教学模式方法，即提问法和头脑风暴法。

①提问法。提问法是参与式教学模式中使用最为频繁的方法。提问法具有以下四点重要作用。

第一，提问法的主要作用是为了检查学习者对所学知识的掌握程度，也是为了检查某一阶段的教学成果。

第二，提问法还可以及时跟进学习者的学习状态，看他们是否有认真听讲，是否一直保持着对学习的热情。

第三，提问法在询问学生的认知经历或对某事物的评价看法时促进了学习者思考能力和思维能力的提升。

第四，提问法还具有承前启后的作用，可以帮助师生自然地过渡到下一阶段的学习。

根据以上分析可以看出，提问法的作用很明显，但提问法使用不当也会给学习者造成很大的压力，使他们害怕教师的提问，从而不利于师生之间的平等交流。为了避免这种情况的发生，教师要从以下三个角度出发提问：

第一，教师只提与教学目标和教学内容相关的问题，不提与学习内容无关，分散学生注意力的问题。

第二，教师根据学生的能力水平提问，不提超出学生回答能力的问题，可以提有一定难度的题，但不要求学生回答的完全正确。

第三，教师不提故意刁难学生的问题，要照顾学生的自尊心和自信心。

与此同时，为了提升学生回答问题的速度与质量，教师提的问题要有质量，一些不合适的问题不要提；尽量提一些符合学生身心发展规律的高质量问题，例如开放式问题，此类问题通常以 W 或 H 开头的特殊疑问词组成，包括：what、where、who、how 等；又比如确认理解问题，此类问题具体又可分为三类：

其一，确认学生理解了教师的提问；

其二，确认教师理解了学生的回答；

其三，确认学生完成了自己的回答并不会修改。

而不合适的、低质量的问题也主要分为以下三种：

其一，只能用"是"或"不是"回答的封闭式问题；

其二，给予学生答案或具有明显暗示的引导式问题；

其三，只能答出部分答案的多重式问题或过于简单的问题。

与此同时，教师要为学习者营造轻松、愉悦的学习环境，只有这样才能集中学生的注意力，让学生愿意交流思想、回答问题。

②头脑风暴法。头脑风暴法，又称 brainstorming，是美国学者阿里克斯·奥斯于十九世纪三十年代末期提出的参与式教学模式，是针对学习者创造能力提升的训练方法。"头脑风暴"这一词来源于精神病理学，一开始用

来喻指精神病患者精神错乱的状态，先用来比喻人的思维十分活跃，人的大脑在相互碰撞、相互讨论中产生了新的观念和新的设想。头脑风暴法的特点是学习者根据特定的话题或议题，发散思维，敞开思想，快速地、不受约束地表达自己的观点和想法，来自不同学习者的不同的设想相互碰撞、互相影响，从而在学习者的脑海中激起创造的风暴。

"头脑风暴"的参与面很广，每个人都在毫不吝啬地分享自己的观点，因而从旁观者的角度看学习者们讨论得十分激烈。但激烈并不等同于有效。科学有效的头脑风暴并不容易组织。英语教师组织头脑风暴活动要遵循以下环节：

第一，明确议题。

教师要明确议题，最好以书面语的形式写到黑板或展示板上，这样所有的参与者就能清楚地看到这个议题，并且在讨论的过程中看到这个议题名称也不容易跑题。

第二，准备资料。

在正式开始发表意见之前，为了提高参与者的表达效率和整个活动的效率，教师可以在讨论前准备一些资料，以便参与者了解议题的相关背景知识。

第三，确定人选。

组织头脑风暴活动一般需要8到10个人，也可以是6到8个人，人太多了不容易组织管理，人太少了起不到激发思维的作用。

第四，明确分工。

教室要分别选出服务活动的一名主持人和一名记录员。主持人主要负责的工作是重申议题，强调纪律，启发引导，掌握进程；记录员的主要职责则是简要记录所有相关设想。

第五，规定纪律。

无规矩不成方圆。根据头脑风暴的原则，教师可以规定几条纪律，要求参与者遵守，以便活动的有序进行。

第六，掌握时间。

讨论的时间由教师与主持人掌握，不适合在讨论前定死，一般来说，几十分钟即可。

2. 多元智能教学模式

（1）多元智能内涵。美国心理学教授霍华德·加德纳（Howard Gardner）提出每个人无论智力高低都具有至少七种智能：语言智能、逻辑—数学智能、空间智能、身体运动智能、音乐智能、人际智能、内省智能，每个人的各种能力混合在一起构成了个体独特的认知能力。随后，他又提出了人体具有自然观察智能和存在智能的观点。通常情况下，适当的外界刺激加上个体本身的努力，都可以加强和发展个体本身的智能。

①语言智能。语言智能是个体用文字思考、用语言表达自我和欣赏语言蕴含奥妙的能力。就像加德纳所说的，语言就是诗人表现出的对语言文字的掌握和应用能力。这种智能不仅体现在个体对书面语和口语的敏感程度，还体现在个体学习语言以及运用语言实现一定目的的能力。像诗人、文学家、记者、律师、演说家、朗诵家、主持人、配音演员等一般都具有高度的语言智能，他们使用语言描述事物、传递信息、表达情感、激发共鸣、说服他人的能力是一般人所不具有的。

②逻辑—数学智能。逻辑—数学智能是人能够计算、量化、考虑命题和假设，且进行复杂数学运算的能力。使用这种智能完成某件事的步骤通常包括：类聚、判别、推理、概括、计算、假设和检验。数学家、科学家、会计师、工程师、电脑程序设计师一般都具有很强的逻辑—数学智能。

③空间智能。空间智能即在脑中形成外部空间世界模式并运用和操作这种模式的能力。这种智能帮助个体以更加复杂的三维空间的方式思考，且会使个体对色彩、线条、结构、空间关系表现出很强的敏感度。因此画家、设计师、雕刻师、建筑师、飞行员都需要具备高于一般人的视觉空间智能。

④身体运动智能。身体运动智能是指个体运用控制自己的身体表达思想、情感，进行创作、运动或其他活动的一种能力。主要包括个体身体的协调性、技巧性、平衡性，对速度、力量的控制以及身体的感知能力和触觉能力。例如外科医生对手上力度和技巧的控制，舞蹈家对肢体动作的控制，运动员对肌肉和力量的控制等。

⑤音乐智能。音乐智能是一种能感受、辨别、区分、创作声音曲调以及运用音乐表达自我的能力。音乐智能突出的人就是人们所说的音乐天赋较高，对声音、节奏异常敏感的人。例如歌唱家、各种乐器演奏家、指挥家、

作曲家、调音师等都具有突出的音乐智能，他们分别运用自己的音乐天赋为人们带来了听觉上的刺激和享受。

⑥人际智能。人际智能是一种能理解他人、与他人产生共情并开展有效交往的能力。像成功的政治家、教师、推销员、服务员、心理学家都具有较高的人际智能。他们往往能很好地感知他人的心理需求、情绪变化、动机和意图。

⑦内省智能。内省智能是一种能够深入自身内心世界、构建正确自我知觉并运用其规划自我人生的能力。具体可表现为对自身有着准确定位，了解自身真实需求和变化，能控制自身情绪变化、控制自身言行一致的能力。这些在哲学家、神学家、成功企业家等人身上都有突出的表现。

⑧自然观察智能。自然观察智能是指个体能够仔细观察、发现环境的特点与变化，并运用这种能力开展生产、研究等事业的能力。自然观察智能突出的人善于辨别两个相似自然物种之间的差异，对生存环境的变化异常敏感。猎人、植物学家、动物学家、考古学家就是自然观察智能突出的那一类人。

⑨存在智能。存在智能是一种对人生和宇宙终极状态的思考能力。存在智能的核心是个体在广阔无垠宇宙中自我定位的能力以及在现实人类生活环境中思考存在等哲学问题的能力。例如：在人类未出现之前，地球是一种什么样的状态？人类生存和发展的意义是什么？这也是哲学家、宗教学家会思考和讨论的问题，因而他们都是存在智能发达的人。

（2）多元智能教学模式在英语教学中的应用。当今时代，社会的发展和时代的进步更需要综合能力较强的人才。因而培养学生的综合素质、发展学生的多元智能成为二十一世纪英语教学的趋势。很多学者都在研究将多元智能理论与英语课堂教学整合应用的方法和模式。实践证明，将多元智能的理念渗透到英语课程中，开发多元智能教学模式和教学设计，是多元智能理论在英语教学中的有效实施。例如：设计多元教学和安排多元课程规划表。

设计多元教学是指把某个智能作为所学科目的单位，设计出与该智能相关的活动。比如在人际交往科目训练中，可以设计培养学生人机智能的一些活动：组织一次英语晚会、参加一次英语演讲比赛、与同学合作进行英语诗歌朗诵等活动。在具体的实施过程中，允许学生选择自己擅长的表达方式或方法，鼓励学生通过各种途径展示自己的英语才华。而安排多元课程规划表具体是指把智能目标落实到英语课程设计或单元教学规划中，将智能培养与课堂教学有机结合在一起。在这个过程中，教师首先应当确定哪些是学生应该掌握的有教育意义的知识，训练哪方面的智能有助于培养学生的综合素质。教师设计的教案应包括课程或单元名称、课程或单元目标、课程实施需要的教学资源、教学步骤以及教学评价方式等内容。

戴维·拉泽尔（David Lazear）在《多元智能教学的艺术：八种教学方式》中指出多元智能理念指导下的教学共有四个阶段：

第一阶段是唤醒智能阶段，即学习者运用视觉、听觉、嗅觉、味觉等多种感官和本能、洞察力、元认知等多种内在能力激活各种智能，感性认知周围世界事物的阶段。

第二阶段是拓展智能阶段，即能力的沟通阶段，在这一阶段学习者将通过接触外界事物、人员或进入特定的情景体验情感，参与为拓展或加强智能所进行的练习活动和强化认知活动。

第三阶段是"为智能而教，用智能来教"阶段，在这一阶段，教师将向学生传授学习的正确方法和策略，把智力的开发当作教学的重点，帮助学生了解自己的智力发展情况，进而发展潜能。

最后一个阶段就是迁移智能阶段，这一阶段是智能的应用阶段，我们要把智能应用于解决日常生活中的各种问题，使智能训练的成果得以体现，使各种智能真正成为我们日常情感和生活的重要组成部分。

接下来以语言智能和逻辑—数学智能为例分析多元智能英语教学模式的阶段模式和操作方法。首先介绍培养语言智能的多元英语教学模式和方法：

第一模式阶段：唤醒。唤醒阶段的主要操作方法包括：

组织学生开展口头表达的训练；组织学生开展书面表达的训练；指导学生阅读英文文章和诗歌；指导学生听英语故事并复述；通过猜谜语、说绕口令方式练习英文表达能力。

第二模式阶段：拓展。拓展阶段的主要操作方法包括：

指导学生学习更多的词汇表达；指导学生客观地使用语言描述人物或事件；指导学生开展写作训练、阅读训练；指导学生就某一话题开展讨论、辩论或组织演讲比赛。

第三模式阶段：教学。教学阶段的主要操作方法与拓展阶段的操作方法有相似之处，除了拓展阶段提到过的一些操作方法，还包括一些其他方法，例如：指导学生学习更多的语法知识和固定表达。

第四模式阶段：迁移。迁移阶段的主要操作方法较为简单，主要是指导学生反思学习和观察的过程。

其次，培养逻辑—数学智能的英语教学模式和方法也分为四个模式阶段。

第一模式阶段：唤醒。唤醒阶段的主要操作方法包括：

指导学生根据现有的语篇线索推测不熟悉的语言表达的含义（例如语境线索、注释线索、同义词线索），分析句子的结构组成，整合文本的意义。

第二模式阶段：拓展。拓展阶段的主要操作方法包括：

指导学生根据语篇提供的信息推理故事情节的发展，并根据学生理解按照逻辑顺序描述文章的主题思想。

第三模式阶段：教学。教学阶段的主要操作方法与拓展阶段的操作方法有相似之处，除了拓展阶段提到过的一些操作方法，还包括一些其他方法，例如：指导学生根据文章的字面表达、引申含义、逻辑关系以及细节描写，确定作者的情感态度和文章的深层寓意。

第四模式阶段：迁移。指导学生思考所学文章承载的文化含义。

（三）发掘差异性的学习风格

1. 尊重差异，提供人文关怀

由于学习者的学习风格各有特色，且学习风格会影响学习效果，因此教师应充分认识到学习风格的重要性，并预见学习风格对开展教学活动的影响。具体分析，教师应尊重学习者学习风格的差异，并为学习者提供更多的人文关怀。

（1）教师应尊重学习者学习风格的差异。由于每一个学习者的学习风格都是独一无二的，因此教师应该根据学习者的学习习惯和学习者乐于接受的学习方式设计教学活动，培养他们的学习兴趣，激发他们的学习动机。

（2）教师应为学习者提供更多的人文关怀。教师应该以公正、平等的态度对待每一位学习者，不会因为学习者基础水平、性格特征、学习风格等方面的差异而差别对待；教师应该让学生感受到教师对他们的关爱和对他们学习生活的关心；教师的这种关怀和爱心有利于培养学生对学习的兴趣，巩固师生之间的感情。

2. 弥补差异，丰富和拓展学习风格

通常情况下，每一位学习者都应具备两种或两种以上的学习风格，因为单一风格不适用于所有知识、技能的学习和掌握。以英语知识和技能的学习为例，英语听力知识技能的掌握适合采用听觉型学习风格，英语阅读和写作知识技能的掌握更适合采用视觉型学习风格，而英语口语与跨文化交际技能的习得和掌握则更适合采用动觉型学习风格，而不适合场独立型的学习风格。学习者的学习风格可以通过后天的训练与实践形成，因此在开展教学活动的过程中，英语教师应该根据不同学习风格的特点配以同等风格的教学策略，进而拓展学习者的学习风格。例如，场独立型的学习者社交能力较差，那么英语教师就可以利用网络交流平台缓解他们参与面对面交际时的紧张情绪，鼓励他们先在网络交流平台上积极发言，再参与实际的线下交流活动，以此来提高他们的跨文化交际能力。

第四节 培养学习策略

互联网时代背景下现代信息技术的发展给人们的生活与工作都带来了深刻的影响。对于学习者来说，信息化的英语学习环境与传统的英语学习环境相比有很多不同之处，原来的英语学习策略已经不适用于新的学习环境，因此学习者必须与时俱进，调整原来的英语学习策略，发展新的学习策略。互联网时代背景下的学习策略是指学习者在现代信息技术背景下开展学习活动应采取的方法。科学的学习策略有助于学习者快速地掌握学习知识和内容，取得事半功倍的学习效果。

一、互联网时代背景下学习策略的特点与分类

(一) 互联网时代背景下学习策略的特点

总的来说,互联网时代背景下学习策略的特点集中体现在以下两个方面:

1. 技术性

互联网时代背景下现代信息技术的普及与应用对学习者开展学习活动提出了更高的技术性要求。具体分析,学习者应该具备现代信息技术知识与相关使用技能,应该清楚计算机、平板等网络学习设备以及常见网络学习软件的功能与使用方法,这样才能更好地使用现代信息技术为学习服务。例如,学习者应该懂得哪些软件可以用来打开相关格式的文件,哪些软件可以用来编辑文字信息、制作表格、动画、视频,哪些软件、网站可以用来搜索学习资料,如何下载、上传学习资料,计算机软件使用过程中出现故障问题应如何解决等。与此同时,学习者还应该学会如何在互联网时代背景下与其他学习者或教师进行学术问题探讨或学习活动,掌握QQ、微信、钉钉等聊天软件、办公软件的基本使用方法,利用这些软件所具有的实时对话、语音、视频、会议等功能打破阻碍学习的时间与空间障碍,为更深入、更科学地开展学习活动创造条件。

2. 自主性

在传统的课堂学习环境中,学习者的学习活动是集体参与型的,学习活动的开展不仅有教师的讲解和帮助,还有同学之间的陪伴与合作,此时学习者需要承担的学习责任与学习压力相对较小。然而,学习者互联网时代背景下运用现代信息技术开展的学习活动更多的是自主的、独立的学习活动;失去了传统的集体学习环境与教师的监督管理,学习者必须根据自己的学习情况制定学习目标和学习计划,必须独立运用学习策略开展学习活动、解决学习困难、完成学习任务。在这一过程中,学习者要对自己的学习活动负全部的责任,要让自己的注意力保持高度的集中,排除孤独、无助等不良情绪的干扰,以达到最佳的学习效果。由此可见,互联网时代背景下的学习策略对学习者的自我控制能力和自主学习能力提出了更高的要求。

（二）互联网时代背景下学习策略的分类

如图 3-8 所示，参照奥克斯福德（Oxford）对学习策略的分类，可以将互联网时代背景下的学习策略分为以下几个类别。

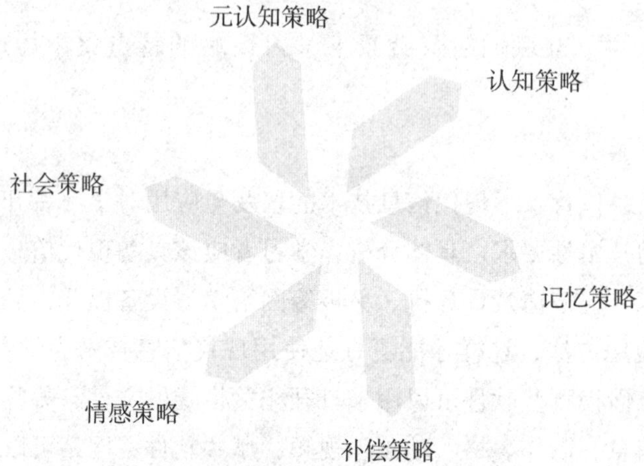

元认知策略

认知策略

社会策略

记忆策略

情感策略

补偿策略

图 3-8　互联网时代背景下的学习策略类别

1. 元认知策略

（1）制定互联网时代背景下英语学习的目标和计划。目标要包括长期目标和短期目标，目标所对应的计划也要包括长期计划和短期计划，长期计划例如学年计划、学期计划，短期计划例如每个星期的学习计划、每天的学习计划；此外，学习计划中还要包括对学习时间和学习地点的安排，要保证足够的学习时间和合理的休息时间，选择支持开展网络学习的地点。

（2）要学会筛选学习资料。互联网时代背景下学生可以借助网络设备和软件接触到大量的学习资源，但学习者学习的目标不是掌握所有的学习资源，学习者必须根据自身的基础水平和学习特点选择适合自己的学习资料，要有计划地、循序渐进地利用资料开展学习。

学习者在上网搜索学习资料的过程中难免会看到一些与学习无关的信息资源，如游戏介绍、新闻标题、购物广告、软件安装推荐等，学习者要尽量避免自己受到这类信息资源的影响，集中注意力，搜集资料。此外，为了提高搜集资料的效率，学习者可以收藏一些自己感兴趣的、专门总结和讲授英语知识、文化信息的网页，并对这些网页进行分类整理。

（3）为了提高文字处理的效率，学习者应该应用文字处理软件中的自动纠错功能。例如当前比较常用的文字编辑软件 WPS、word 中单词拼写错误提醒功能、正确单词拼写建议功能。

（4）学习者要对自己的学习情况和学习进度有一个准确的、及时的把握，要时刻提醒自己按照学习计划开展学习，使用智能软件监控自己的学习进度，使用在线测试软件评估自己的学习水平。

2. 认知策略

（1）利用百度、维基百科等搜索引擎以及中国知网、中国学术期刊网等资料库查询相关学习资料；下载相关英语学习资料，例如阅读、写作资料，听力、口语资料，英美文化知识，提升英语水平的方法和技巧等，也可以利用网络开展在线学习。

（2）下载或在线收听广播、电视节目；下载或在线欣赏英文歌曲、影视剧、综艺节目等。

（3）利用 QQ、微信、MSN、Meta 等社交软件与其他学习者开展实时在线交流；尝试用英文撰写电子邮件、博客。

（4）使用录音软件或语音对比软件纠正自己的发音、练习自己的口语。

3. 记忆策略

（1）针对英语单词的记忆，学习者可以利用单词学习软件来记忆单词的拼写、含义和用法，进而提高单词记忆的数量和质量；与此同时，学习者还可以利用单词学习软件生成自己的生词本、易错词本，通过复习巩固，解决单词记忆难的问题。

（2）针对各类英语知识的记忆，学习者可以通过在文本中进行标注的方式进行记忆，如加粗、加下划线、字体颜色变化等。

（3）学习者要充分发挥计算机、多媒体等学习设备的技术优势，利用图片、动画、声音、视频等手段加强感官刺激，帮助理解记忆。

4. 补偿策略

（1）学习者可以下载或在线使用英语词典、英汉翻译软件帮助自己解决学习过程中的一些难题，将软件提供的答案解释作为必要的参考与提示。

（2）学习者在与其他同伴进行沟通与交流时，如果某些思想含义不知道怎么用英语表达，可以借助一些图片或表情符号。

（3）学习者在利用现代信息技术开展自主学习时，可以通过图片、上下文语境等对陌生词汇、表达的含义进行猜测。

5. 情感策略

（1）学习者开展在线学习的过程中难免会遇到一些设备软件出现故障的时刻，例如网页加载失败、无法下载学习资料、无法上传作业等，此时学习者应冷静下来思考解决问题的方法，不要盲目地着急、发脾气。

（2）如果长时间盯着信息设备，不只是眼睛会感到疲劳，人的大脑也会产生疲倦感，此时学习者可以稍作休息，通过眺望远方、听音乐等方式放松自己的视觉神经和大脑神经。

（3）在感到孤独、无助或无聊时，学习者应不断调整自己的学习状态，进行积极的自我暗示，使自己排除消极情绪的干扰，坚持继续学习、持续提升自己的成绩和水平。

6. 社会策略

（1）积极参加配音比赛、美文朗读比赛、在线话题讨论等有组织的英语学习活动。

（2）通过论坛、聊天软件、视频软件等分享自己的观点、向他人提问或回答他人的问题。

（3）与英语教师、其他英语学习者互相交流英语学习的方法、途径，请他们分享学习英语的历程和经验，推荐一些好用的学习软件。

二、互联网时代背景下学习策略的培养

互联网时代背景下现代信息技术的应用为学习者的英语学习提供了大量真实的材料，提高了学习者学习英语的效率。然而，并不是所有的学习者已经适应了通过现代信息技术开展学习的方式并掌握了在线学习的方法策略，例如很多学习者的学习目标尚不明确，学习计划缺乏系统性、阶段性和有效性；还有一部分学习者遇到困难时往往不清楚解决的方法策略，甚至表现出不满、烦躁的情绪。因此，对学习者进行互联网时代背景下正确学习策略的培养就显得尤其重要。具体分析，可以从以下几个方面着手实施。

（一）诊断学习策略

英语教师要培养互联网时代背景下学习者正确学习策略的前提是了解学习者当前使用的学习策略，发现其中存在的问题，这样才能有针对性地进行纠正和培养。具体来说，教师可借助互联网时代背景下的电子邮件、在线问答等工具开展有关学习策略的问卷调查，对学习策略中涉及的学习目标、学习计划、时间安排等问题进行详细分析，还可以使用一些诊断量表辅助分析，例如奥克斯福德的 SILL 量表。

（二）确定培养策略和培养顺序

由于每位学习者的个性特征、基础水平、学习习惯、学习需求各不相同，因此英语教师应该在综合考虑学习者各方面情况的基础上培养学习者的学习策略。从整体视角出发，培养学习策略的顺序应该设置为间接策略——直接策略，补偿策略——情感策略。

1. 补偿策略

补偿策略的主要作用是当学习者在学习过程中遇到困难时，为学习者提供及时的帮助；结合上文对补偿策略的介绍，本书认为教师可以通过向学生推荐一些比较好用的英语学习软件、鼓励学生通过上下文语境推断单词含义的方式培养学生的补偿策略。

2. 情感策略

由于互联网时代背景下学习者开展自主学习的缺点是情感熏陶不足和学习氛围较弱，因此教师必须培养好学生的情感策略，帮助学生克服这些学习障碍，提升自我效能感。要培养学生的情感策略，教师要积极引导学生说出自己在学习过程中遇到的困难、鼓励学生找到适合自己的放松方式和监督自己学习的方式、鼓励学生多与其他学习者交流学习的经验。

3. 元认知策略

掌握元认知策略可以深化学习者对自身学习风格与特点的了解，从而使学习者能更有针对性地制订学习计划，进行学习评价。英语教师可以通过传授给学生搜集学习资料的方法、使用文字编辑软件的方法培养学生的元认知策略。

4. 社会策略

掌握学习策略可以使学习者有效利用现代信息技术开展合作学习，学习者既可以与其他同伴相互讨论学习问题，交流学习经验，又可以通过讨论检查自己的学习情况，提升自己的英语素质。英语教师可以通过为学生搭建英语学习交流的平台为学生创造培养社会策略的条件，还可以通过提问法、交际法锻炼学生的社会交际能力。

（三）评价培养过程与效果

要评价互联网时代背景下学习者学习策略的培养过程和培养效果，就要结合多种评价方式提升评价结果的科学性。具体分析，可以将学习者个人评价、学习者同伴评价、教师评价等评价方式结合在一起反馈培养效果、评价培养过程。

在实际操作过程中，学习者可以通过撰写学习日志的方式记录自己选择、运用学习策略的感受、效果和心得体会；还可以通过参与问卷调查的方式了解自己对学习策略的掌握情况，强化自身的情感体验和对策略价值的感知，进而帮助教师了解学习策略培养的效果；除上述方法外，教师还可以将学习者在学习过程中搜集资料、参加练习与测试、浏览学习网页等学习活动的信息记录下来形成一个数据库，并据此对学习者的学习策略进行客观评价。

第四章 英语教学与信息技术融合应用的探索研究

第一节 英语教学与信息技术融合应用的内涵

一、英语教学与信息技术融合应用的定义

早在2010年国务院印发的《国家中长期教育改革和发展规划纲要（2010—2020年）》就曾指出"信息技术对教育发展具有革命性影响，必须予以高度重视，把教育信息化纳入国家信息化发展整体战略"。为了进一步落实教育信息化的总体部署，教育部随后编制印发了《教育信息化十年发展规划（2011—2020年）》，明确强调了"教育信息化要充分发挥现代信息技术的优势，注重信息技术与教育的全面深度融合"。2019年，教育部等十一部门联合印发《关于促进在线教育健康发展的指导意见》（以下简称《指导意见》）。《指导意见》明确表示，到2020年，大幅提升在线教育的基础设施建设水平，互联网、大数据、人工智能等现代信息技术在教育领域的应用更加广泛，在线教育模式更加完善，资源和服务更加丰富。到2022年，现代信息技术与教育实现深度融合，在线教育质量不断提升，资源和服务标准体系全面建立，学习型社会建设取得重要进展。

在国家教育信息化方针政策的指导和支持下，我国教育学界积极开展了

教育信息化的发展与建设，在现代信息技术类型人才的帮助下，各大高校研发推出了"慕课""微课""翻转课堂""移动式学习"等新型教学模式以及"自主学习""体验式学习"等创新学习模式。

很多高校的外语学院都开设有英语教育、商务英语、英语翻译等专业英语课程，其他学院也将大学英语作为公共必修课来建设，因为英语是一门应用性和实践性很强的语言课程。传统的高校英语教学模式以教师为课堂的主体，学生为课堂的客体，学生大部分时间都处在听教师传授知识的状态，因此学习的热情并不高涨，学生的主观能动性得不到充分的发挥，从而弱化了课堂教学的功能。此外，英语的跨文化交际功能决定了大学英语教学必然兼具交流性、实践性与艺术性的特征。

基于以上分析，在互联网时代背景下，高校英语教育教学工作者应在开展英语教学活动的过程中充分发挥现代信息技术的作用，为学生提供立体的、形象化的学习资源，创设交互式、情景式的动态学习环境，不断优化教学环境、创新教学模式、提升教学水平。在互联网时代背景下，高校英语教师应将自己的角色定位于学生学习资源的开发者和整理者、学生学习能力的培养者和提升者、学生学习过程的参与者和帮助者、教学方法的研究者和革新者、教学活动的设计者和组织者、信息技术的学习者和应用者。基于以上角色定位，英语教师应致力于深入研究教材指定教学内容、通过学习和利用现代信息技术，为学生提供丰富的、各种媒体交叉作用的学习资源，调动学生参与教学活动的积极性与主动性，鼓励学生在跨文化交际过程中用英语表达自己的思想观点，不断激发学生学习英语的兴趣以及提升个人能力的欲望，让学生真正成长为学习的主人和自我发展的主人。

二、英语教学与信息技术融合应用的内涵分析

互联网时代英语教学与信息技术融合应用的内涵不只是将信息技术当作一种技术性的教学辅助手段，而是把信息技术作为一种促进学生发展自主学习能力、优化教学资源和教学环境、提升教学水平和教学质量的工具。这就要求英语教师要主动学习先进的教学理念以及现代信息技术、设备的功能和使用方法，把现代信息技术和设备作为学生自主学习的认知工具和测验工具、教学资源的搜索工具和整合工具、情景教学的设计工具和创造工具，并

将这些工具运用到英语教学的实践活动中来，使信息技术化为优质课堂的隐形助推力，成为课程内容的有机组成部分。

英语教学与信息技术的融合应用还意味着高校英语教育教学工作者要将现代信息技术与各种优质教学资源有机结合在一起，从根本上改变传统的教学模式，优化英语教学环境，努力培养学生搜集和整理英语语言知识和文化信息的能力、分析英语词汇构成和句型构成等语法结构的能力、英语跨文化交际的能力、同伴之间相互协作的能力和自主创新的能力，充分发挥学生学习英语的能动性和自觉性。

英语教学与信息技术的融合应用不仅能培养学生学习英语的能力和兴趣，还可以迎合学生学习英语的心理变化，并根据时代发展和社会建设的要求增加学生学习的机会，拓展学生学习的空间。例如学生可以通过手机、平板电脑、学习机等工具上的网络学习平台预习课堂教学的内容、搜集相关语言文化背景知识，还可以开展自主学习活动，甚至利用学习平台开展英语听、说、读、写、译技能的训练，进一步提升英语语言的综合运用能力，养成自主学习的好习惯。

总而言之，在英语教学中应用现代信息技术不仅能引领英语教师树立先进的教育理念，还能优化教学内容和教学方法，改革教学手段和教学过程，最终实现教学效果的最大化。对于学生来说，学生从学习的被动接受者转变为了学习过程的主动参与者，学生对英语语言知识和技能的掌握更加深刻，英语实践应用能力也逐渐提升，思想道德品质也得到了很大的提高。

第二节　英语教学与信息技术融合应用的意义

本节将先从宏观角度论述英语教育的重要意义，然后结合本书的研究背景探讨互联网时代英语教学与信息技术融合应用的重要意义。

一、英语教育的重要意义

由于英语是当今世界国际通用语言之一，也是世界上使用最广泛的语言，因此世界大多数国家的高等学府都开设了英语专业课程；仅仅在中国，就有超过一百所大学设有英语专业或英语相关专业课程，例如英语教育、商务英语、英语翻译、英语口译等。我国众多高校开展英语教育的重要意义不仅在于紧跟时代发展的潮流，更在于促进国家的发展和国际上的交流与合作。

改革开放以来，中国发生了日新月异的变化，在政治、经济、文化、教育等领域都取得了不菲的成就。但是，事实证明，中国在很多方面还落后于西方发达国家，例如计算机信息技术等科学技术。我们要想在较短的时间内掌握各种技术，取得快速的发展和进步，不可能关起门来闭门造车，肯定要学习发达国家的先进技术，而学习先进技术的前提就是要掌握国际通用语言——英语。

我们在学习他人先进技术、经验，发展自身的同时，也需要与世界其他国家和地区的人展开经济、技术等方面的沟通与合作。而如果不懂英语，就无法打开通往国际舞台的大门，无法与合作方沟通交流与合作。对于高校学生来说，英语教育更会给他们带来多方面的好处：

其一，如果高校学生在学校接受了良好的英语教育并且培养了出色的英语运用能力，那么将来他们毕业后找工作时所能选择的工作机会就会更多，就业面也会更广；

其二，如果高校学生在学校内打下了较好的英语语言知识基础，掌握了基本的英语语言技能，那么他们在面对企业内更专业、更复杂的英语培训时就不会感到特别困难；

其三，某些与国外院校建立了友好交流关系的高校会有一些出国参加学习交流活动的名额，只有本身具有英语优势的学生才有可能争取到这些名额；

其四，据科学研究表明，语言学习优秀的人往往右脑发育更好，反应更加灵敏，因此容易给人留下深刻的印象，在这个竞争激烈的社会，参加工作时会更有优势；

其五，如果将来学生想出国深造，就不用在语言培训方面花费太多的时间、金钱和精力，而是一站式到达国外，获得更多教育的机会。

二、英语教学与信息技术融合应用的重要意义

英语教学和信息技术的融合应用可以打破时间和空间对英语教学活动和英语学习活动的限制，使教学活动和学习活动体现出开放性、灵活性、即时性的鲜明特征，这意味着每一位掌握了现代信息技术和设备使用方法的教学者或学习者都可以不受时间和空间的限制，在任何时间、任何地点利用现代信息技术开展教学或学习。具体分析，英语教学与信息技术融合应用的意义主要体现在以下几个方面。

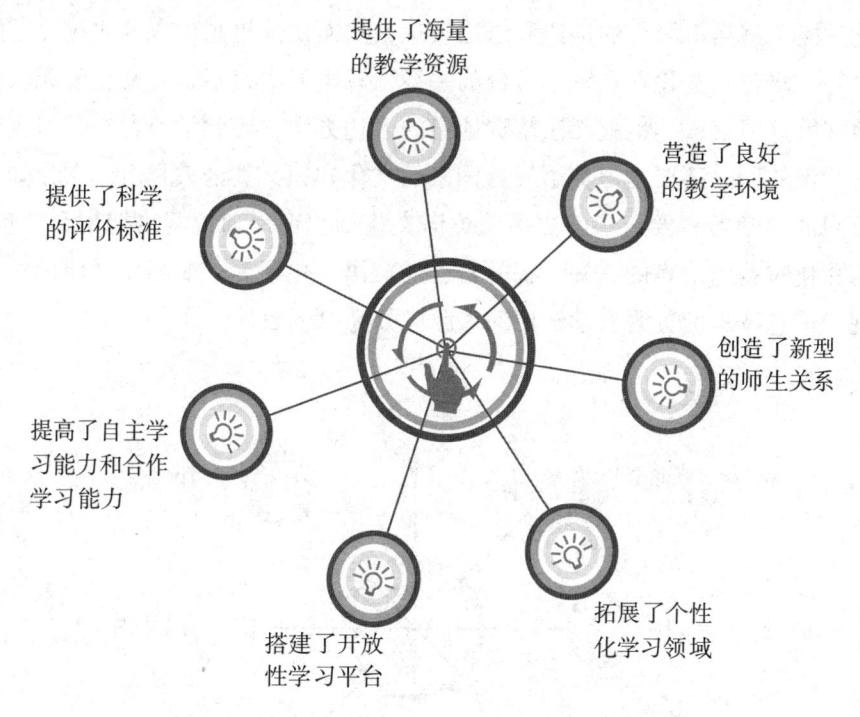

图 4-1　英语教学与信息技术融合应用的重要意义

（一）提供了海量的教学资源

在国内外的英语教学实践活动中，语法翻译法曾经占据教学法的主导地位。受这种教学方法的影响，英语文章、文学著作成为教师用于教学知识讲解的主要教学材料，在这种情况下，学生虽然掌握了英语系统的词汇和语法知识，但过分注重语法规则的掌握和使用，忽视了英语语音和语调的教

学，背离了语言学习用于表达和交流的初衷，阻碍了学生口语能力的发展和提升。

且由于教师在教学过程中的主导性太强，造成了学生的主体性被忽视，不利于培养学生学习英语的积极性和主动性。

在英语教学中充分利用现代信息技术不仅能获得大量的文学语言材料，还能接触到很多英语国家民族的日常生活用语，这些生动、形象的语言与传统教材上使用的规范语言有十分明显的差异，有利于学生掌握更地道的英语表达。与此同时，由于网络信息更新换代的速度很快，因此关注网络信息的变化就能了解当下流行的词语和语法表达，从而快速提高语言的实用性。除此之外，语言与文化存在密不可分的关系，只学习语言不学习文化就无法真正地理解这门语言，也就无法掌握地道的表达方法，因此学习者在学习英语语言知识的同时还要学习英语民族国家的文化知识，英语教材上的文化知识是有限的，学习者要想了解更多的英语文化知识可以通过网络搜集和整理，继而深化对英语语言的认知，提升自己的英语文化素养。如图4-2所示，基于现代信息技术的英语教学知识的来源可分为以下数种。

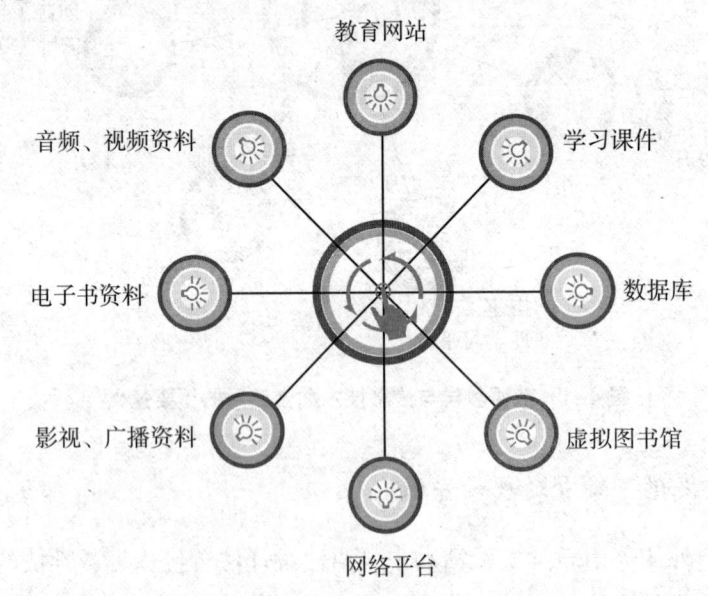

图4-2 基于现代信息技术的英语教学知识的来源

总而言之，英语教学和信息技术的融合应用为英语教学提供了远远超出

教材范围的大量资源，教师据此可以整合教学内容，学生据此可以进行有意义的英语知识系统的搭建。

（二）营造了良好的教学环境

良好的教学环境对于开展英语教学活动、提高英语教学质量来说具有十分重要的意义。对于英语学习者来说，良好的语言教学环境应该包括以下几点内容：标准的语音语调、准确的语言表达、丰富的语言文化知识、必要的对话与练习机会以及教师的帮助与指导。英语教学与信息技术的融合应用有利于营造良好的教学环境，这主要表现在以下四个方面。

第一，英语教学与信息技术的融合应用有利于调动学生的视觉、听觉等多种感官，从而促使他们积极地参与到英语学习中来，并逐渐培养英语语感和英语思维方式。以培养英语思维方式为例。众所周知，英语和汉语具有不同的语言思维方式，良好的英语思维与英语语感有助于促进学生的英语学习，而要想培养英语语言思维和英语语感，就需要给学生输入大量的听力材料，开展大量有效的英语听力训练，这就需要现代信息技术的帮助。通过使用现代信息技术及其设备参加英语听力训练，学生能快速掌握英语的表达方式和思维习惯。

第二，英语教学与信息技术的融合应用有利于学生接触大量真实、自然的英语学习资料，进而帮助学生积累英语语言知识，了解语言背后的文化知识，掌握跨文化交际的知识和技巧，进而提高对英语的综合运用能力。

第三，英语教学与信息技术的融合应用丰富了英语教师的教学方式，使英语教学从过去单一、传统的教学模式中脱离出来，课堂教学变得更加生动、形象、符合学生的预期，从而激发学生学习英语的兴趣和自信心，有利于培养和发展学生的想象力和创新思维。

第四，情境教学法指出，语言的学习与练习如果能在接近真实的语境中开展则更容易达到令人满意的效果，英语教学与信息技术的融合应用可以创建与真实的交际场景十分接近的语言情境，为学生在复杂多变的交际情境中充分发挥主观能动性，灵活应对各种交际语言提供了练习的条件。

具体分析，语言的产生和发展离不开特定的文化背景，人们的日常交际行为和社会发展离不开语言的使用，因此语言的学习应放在一定的社会文化

情境中开展。根据现实交际情境提供的场景，学生可以激活原有的认知经验，并将新的知识与之前的认知经验联系起来，从而理解新的知识，将新知识加入原来的认知体系。因此在英语教学活动中，教师要设计出能引导学生激活旧的认知经验，并积极参与到新的交际对话中的真实情境。要设计出这样的真实情境，教师需要确定学生所需知识信息的具体种类和数量，以建构交际情境模型，提出方法假设。教师需要为学生提供必须的信息资源，以开展情境布置。这些信息资源应是学生乐于接受的，并能帮助学生认识和解决问题的，具体而言应包括各种信息和知识，例如文本、图片、音频、视频、动画等通过现代信息技术手段能获取的各种相关资源。

（三）创造了新型的师生关系

在不同的教学模式下，师生之间的关系呈现出不同的特点。传统的教学模式下，教师依据教材上制定的知识内容开展教学，学生学习的内容、方法、程序大都由教师提前设计好，学生对这一部分的参与感较弱，学生与教师之间的交流较少，且很少有机会向教师表达自己对教学活动设计的看法，因此师生之间的关系较为单一。科技的发展使计算机逐渐参与到英语教学活动中来，并发展成为英语教学的重要辅助手段，计算机辅助教学模式下的师生关系如图 4-3 所示：

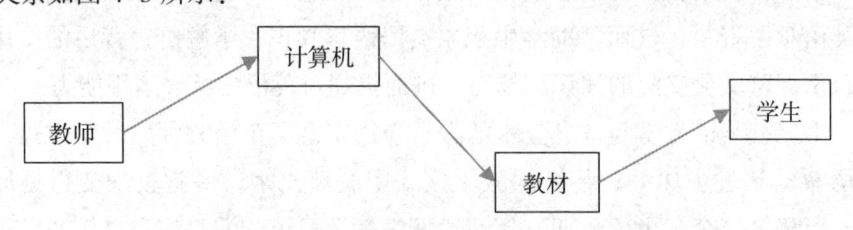

图 4-3　计算机辅助英语教学模式下的师生关系

根据图 4-3 可以看出，计算机的辅助并没有给传统的师生关系带来实质性的变化，计算机的应用只是为教学增添了一种讲解知识技能的手段，使教学效果得到一定程度的提升。但是，英语教学与信息技术的融合应用，即信息技术与教学内容、教学方法的结合促使师生关系产生了根本性的变化，如图 4-4 所示：

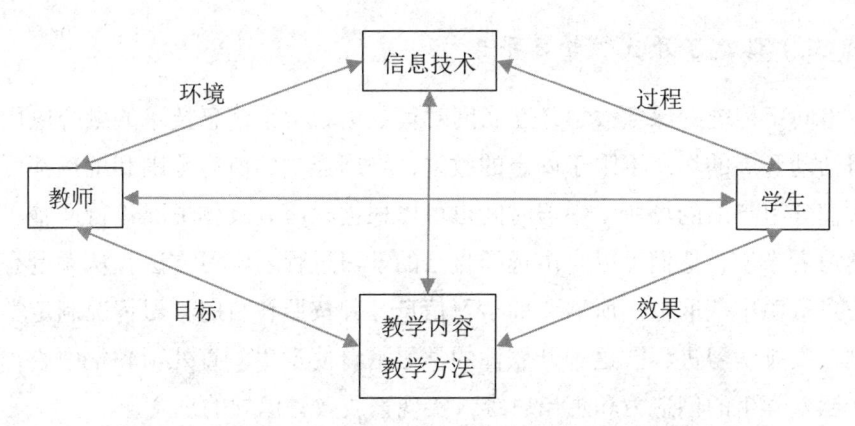

图 4-4　英语教学与信息技术的融合应用模式下的师生关系

英语教学与信息技术融合应用的教学模式下，教师、学生、信息技术以及教学内容与教学方法是四项基本要素，它们之间存在着相互依存、相互影响、互相关联、多向发展的动态联系，教师不再是课堂教学的主宰者。利用现代信息技术，学生还可以和教师一起建构教学内容、选择教学方法，学生还可以通过网络开展学习、回答教师的问题、向教师提出问题，还可以学习和借鉴其他学生的观点看法，进而构建自己的知识体系，一种新型的、更加科学的师生关系产生了。

（四）拓展了个性化学习领域

英语教育在我国属于学科教学，我国学科教学的模式基本都是课堂教学模式，英语教学也不例外。而传统的课堂教学模式有一个明显的问题，就是容易忽视学生个体之间的差异，而不同的学生具有不同的学习基础、学习能力、学习习惯、学习方法，但教师的教学目标、教学内容、教学方法等一般是统一的、不会轻易改变的。很显然，这种操作是不利于教师因材施教、发掘每个学生的特长的。

英语教学与信息技术的融合应用可以解决这个问题，因为个性化教学是现代信息技术背景下英语教育的显著特征。互联网环境的开放性、多样性为个性化英语教学提供了广阔的空间和丰富的资源。教师和学生根据自己的需要开展教学或学习活动，从而进一步实现个性化英语教学。

(五）搭建了开放性学习平台

不同于传统的课堂教学，互联网时代英语教学与信息技术的融合应用使学习活动开展的场所不限于固定的教室，网络连接的所有范围和地点都可以是人们学习英语的场所；学习时间也可以根据学习者具体情况进行调整。对于学习者来说，他们可以自由选择自己的学习过程、学习方法，从大量有效的信息资源中获取他们所需要的学习信息，并按照各自的学习情况制定学习计划，安排学习进程。这种开放性的学习平台使学生一直处于教学中心，有利于激发学生的创造力和想象思维，实现素质教育倡导的理念。

(六）提高了自主学习能力和合作学习能力

早在二十世纪八十年代，西方国家的研究学者就提出了自主学习和合作学习的相关理论，例如美国圣地亚哥大学伯尼·道奇教授（Bernie Dodge）提出的"网络问题探究（Web Quest）"学习模式，爱尔兰学者狄金森（Leslie Dickinson）倡导的自主学习方法，美国明尼苏达大学"合作学习中心"的约翰逊兄弟（Johnson Brothers）对合作学习五要素的定义等。其中自主学习理论的代表性观点是学生在教学过程中不应该是被迫学习、被迫接受知识的角色，而应该是主动的、积极的、渴望学到知识的发现家和探索家。教师应在尊重学生的实际需求和个人情感的基础上，培养学生独立自主地分析和解决问题的能力，进而实现教学的最终目的，帮助学生掌握一定的知识和技能。

当然，自主学习并不意味着让学生一人完成所有的教学任务，而是要求学生通过与其他人的互动与合作来完成。这就是合作学习最主要的特征。在传统的教学模式中，课堂教学是最主要的教学模式，在课堂上，教师具有绝对的权威，教师会不断地向学生传授学科知识，学生大多数时间在被动地理解知识、记忆知识，这一传统教学模式已不符合《大学英语课程教学要求》（以下简称《课程要求》）对创新教学模式的最新规定。《课程要求》指出，创新教学模式下，学生是教学过程中的主体，教学内容的选择和教学活动的组织，都要考虑学生的主体地位。学生们要逐渐摆脱对教师的依赖，树立自主学习的思想观念。在学习模式上，学生从被动学习转变为主动学习；在学习方法上，学生从做笔记、听录音转变为查阅资料、互相讨论、交流心得体

会。总而言之，学生要通过确立自己的主体地位，积极、主动地与老师沟通并借助互联网环境的优势，在开放、自由的状态下学习、探索和讨论，以提高自己的自主学习能力和合作学习能力。

传统的教学模式中教师在课堂上进行语言知识讲解和表达的时间较多，学生听的时间比说的时间要久。也就是说，课堂上的大部分时间都是教师在动脑、在锻炼自己的英语语言能力，而不是学生在练习、在应用自己学到的知识技能，因而很大程度上削弱了学生学习的主动性。互联网时代网络学习平台的普及较好地解决了这一问题。因为在互联网时代，学生可以借助电脑和网络开展自主式的学习，这种学习方式的好处是学生可以不受时间和空间的限制，自己选择学习内容，自己安排学习进度，与线上教师或同学进行练习，进而提高自己的语言应用能力。

（七）提供了科学的评价标准

当前，中国很多高校仍然使用标准化的英语水平考试作为衡量英语教学成果和质量的唯一标准，然而这种做法并不是特别符合语言教学和语言学习的规律。根据语言学习的规律和科学的教学理念，教师可以设计出多种科学的测试方法，记录和分析学生学习的效果和掌握知识的情况，进而对教学成果作出科学的评价。根据学生的测试结果和学生对教学的评价反馈，教师可以及时地调整教学进度，安排教学内容，设计教学活动。所以说教学工作者可以利用多媒体和互联网信息技术为英语教学提供快速、准确的反馈信息的途径，为教学活动提供科学的评价标准。

第三节 英语教学与信息技术融合应用的目标

著名学者沃沙尔（Warschauer）曾强调，当前学习活动的开展已经不只是为了使学生取得优秀的学习成绩，而是为了满足学生生存与发展的需要；教师是学生开展学习活动的引导者、督促者。英语教学与信息技术的融合应用就是为了满足学生学习的需要，为了满足人类社会未来发展的需要，因此英语教师应把握英语教学与信息技术融合应用的机会，利用二者融合应用创造的教学资源和教学环境开展教学活动，实现英语教学与信息技术融合应用的目标。具体分析，英语教学与信息技术融合应用的目标包括以下几个方面。

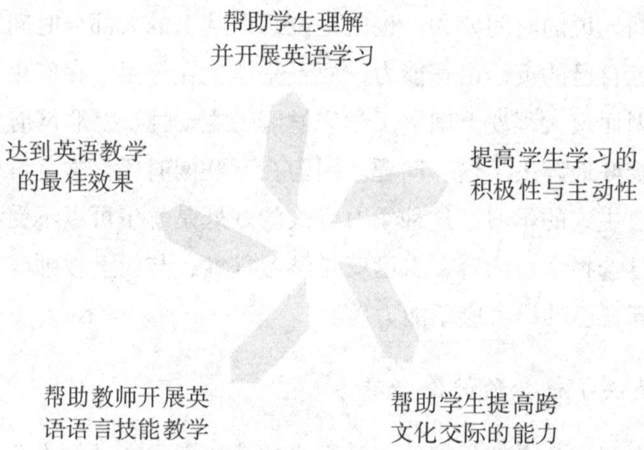

帮助学生理解并开展英语学习

达到英语教学的最佳效果

提高学生学习的积极性与主动性

帮助教师开展英语语言技能教学

帮助学生提高跨文化交际的能力

图 4-5　英语教学与信息技术融合应用的目标

一、帮助学生理解并开展英语学习

英语教学与信息技术融合应用的首要目标是引导学生理解英语学习，弄清楚为什么要学习英语，学习英语的目的是什么，作用是什么，对自己未来的发展有什么帮助。从这个意义上来讲，教师引导学生理解英语的过程是一个使能过程，在这个过程中，教师不是要使学生掌握生活技能，诸如做家务、维修家电、驾驶汽车之类；而是使学生开动脑筋，学习语言知识。因而我们说这一教学过程不仅是一个行为过程，更是一个心理过程，学生是这一教学过程的中心。

在这一过程中，学生是中心，是教学活动的主体，教师是引导者、使能者。学生在这一活动过程中不是要掌握某种需要动手操作的技能，而是要学习新的知识，发展自己的思维能力。教师在这一活动中的主要任务就是为学生安排需要掌握的新知识。一般情况下，人们所说的学习一种语言包括两种情况：学习这门语言和学习与这门语言相关的知识。此处教师给学生安排的新知识是有关语言特征和语言运用的知识，也就是说，学生在教师的引导

下学习英语知识，既要学会有关英语的知识，也要学会如何使用英语参与交际。在互联网时代，网络技术的发展使学生可以通过上网了解外界社会的发展情况。当今时代，经济全球化和文化多元化的趋势愈演愈烈，因而国家的对外交流和社会的发展建设都需要更多具备较高英语素质和英语应用能力的人才。也就是说，掌握英语这一语言不仅能帮助学生更好地参与到社会主义建设进程中来，还能帮助学生更好地训练自己的思维能力，使自己的思想更加灵活。

根据以上分析，英语教师可以选择两种不同的教学模式来促进学生的英语学习。第一种教学模式下的英语教学以让学生掌握英语相关的语言知识为教学目标，学生在这种模式下只需要理解和记忆知识内容，而不需要进行实践应用，其重点在于大脑的思维活动。而从第二种模式角度出发，学生既要学习语言的理论知识，还要掌握实际的语言技能，把学到的理论知识应用到语言交际活动中；同时还要学会如何在英语文化语境中从事相关的交际活动，学会一定的交际技能。这两种教学模式的运用都离不开现代信息技术的辅助，无论是知识讲解的过程还是技能训练的过程都需要用到多媒体技术、网络技术等信息技术。

二、提高学生学习的积极性与主动性

英语教学与信息技术融合应用的目标之一在于帮助学生提升学习英语的积极性与主动性。这主要是因为现代信息技术与设备给学生提供了学习英语的便利条件。例如学生可以根据自己的学习需求和学习计划选择合适的上课时间和地点，采用适合自己学习风格的学习方法和策略，在网络环境下进行自主学习。当他们遇到学习中的重点或难点时，可以随时放慢学习速度，反复观看在线视频讲解或进行有针对性的练习，直至掌握；当学生感到学习内容比较容易时，可以直接参加在线水平测试，在线测试合格后，可以加快学习进度，减少练习量。

在这一过程中，学生掌握了开展学习的主动权，能够根据自己的学习特点开展学习，能及时改正学习中的失误或不足之处，形成正确的语言习惯，进而提高学习的积极性与主动性。同时，学生还可以参考多种教材类型或搜集、下载网上的学习信息和资料进行个别化的学习。如果遇到自己解决不了的问题，还可以通过在线聊天软件或电子邮件求助同学或教师。除此之外，网络技术的普及与应用为英语学习者提供了一种交互式的学习环境，在这种环境下，图片与文字、静态与动态、声音与影像相互结合，使知识的展示与练习变得生动有趣，能够有效激发学生的学习兴趣，使学生充分发挥自己的想象力与创造力，调动自己学习的潜能和积极性。

三、帮助学生提高跨文化交际的能力

传统英语教学的目标和任务集中在培养学生的语言知识和技能方面，但长期的实践证明，尽管学校和教师在培养学生英语语言知识和相关技能方面付出了大量的时间和精力，但实际的教学效果并没有预期中那么好。也就是说，目前高校英语教学还受限于语言知识掌握和言语技巧训练的硬性规定，学生学到的更多是语言表面的知识，给人一种学了英语没有什么用途的感受。

基于以上分析，我们认为英语教学与信息技术融合应用必须注重对学生跨文化交际能力的培养。实践证明，跨文化交际能力不仅仅包括词汇、语法、发音等语言知识方面的技能掌握，还包括语境分析、文化沟通和交际技巧等诸多能力构成因素。因此，学校和教师要想培养学生的英语交际能力，不仅要教授基本的语言知识，开展基本的言语技能训练，还必须借助现代信息技术教授跨文化语言知识和语用知识，为学生营造接近真实的跨文化交际环境，以培养学生在真实情境下的跨文化交际能力。

由于汉语和英语在民族语言和文化上的巨大差异，英语教学的过程中肯定会出现因为文化差异造成的理解障碍和困难。为了减少这种障碍对教学的影响，就必须在教学过程中加入英语语言文化的教学，例如社会文化教学、风俗文化教学、礼仪文化教学等。教师应认识到教授英语的过程实际上是向学生介绍西方文化，帮助学生树立正确文化观的过程。从这个角度分析，英语教学对学生提出了两点要求：

其一，学生要通过英语和汉语文化的对比了解这两种文化的异同，并能够灵活地将这两种语言进行等值或尽量等值意义上的转换。

其二，学生要认真地接收和理解来自不同民族的语言文化和信息，树立正确的文化观。

总而言之，从整个英语教学的角度分析，语言知识技能教学是前提，是基础；而跨文化交际能力的教学则是深化和提高，是教学的最终任务。

四、帮助教师开展英语语言技能教学

英语听、说、读、写、译技能是学生在学习英语过程中需要掌握的五项基本技能，也是主要技能。英语教学与信息技术融合应用的目标之一就是帮助学生掌握这五项语言技能，这也是英语教学的主要教学目标。接下来以听力技能与口语技能为例分析这两种语言技能教学的重要性。

（一）听力技能教学的重要性

1. 听力是人们开展交际的重要能力

据有关数据统计，在人们的日常交际手段中，"听"占所有言语行为活动的45%，所占比重最大；"说"占30%，位居第二；"读"占16%，位居第三；"写"占9%，占比最低；因此说听力是人们开展交际活动需要掌握的重要能力。在高校学生的五项英语应用能力中，听、说、读、写、译，听力占首位，也强调了听力的重要性。与此同时，伴随着全球一体化进程的加快，我国参与国际交流的范围不断扩大，程度逐渐加深，无论是政治、经济、军事、外交等官方领域，还是文化、教育、娱乐等民间领域，都需要与世界其他国家和地区进行沟通、交流与合作，因此国家和社会的发展要求新时代的英语人才具备较高的听力水平和沟通技巧。基于以上分析，各大高校加强英语听力教学势在必行、刻不容缓。

2. 听力教学能帮助学生巩固英语语言知识

听力教学帮助学生巩固之前学到的英语语言知识，并引导学生构建自己的英语知识体系。这主要是因为，英语听力中的"听"并不是没有目的的、随意的听，听的过程实际上是一个信息处理的过程，其中包括对语言信息的接收、整合和理解。听者对接收到的信息需要按照自己的思维进行归类、整理和解析，最终得出正确答案。由此可见，通过听力教学，学生既可以训练自己的听力技能，又可以通过接收和理解信息学到语言使用的规则，促进英语知识体系的建构。

3.听力教学有助于提高学生语言运用的能力

"听"是一种语言信息的输入活动,听力教学是培养语言信息输入能力的重要途径,通过开展英语听力学习活动,学生能够掌握辨别、组合和理解语言声音符号信息的能力,进而正确地接收和理解交际活动中另一方的话语含义。这种语言信息输入能力的培养为学生综合语言运用能力的培养奠定了基础,听力是提高语言表达能力,包括口语表达能力和书面语表达能力的基础,因为只有拥有足够的、可理解的语言输入才能进行有效的语言输出。综上所述,听力教学能帮助学生提高英语语言的综合应用能力;只有听力教学的质量提高了,口语教学、写作教学、跨文化交际教学等教学活动才能顺利进行。

4.听力教学能帮助学生发展英语语言思维

众所周知,英语和汉语具有不同的语言思维方式,良好的英语思维与英语语感有助于促进学生的英语学习,而要想培养英语语言思维和英语语感,就需要给学生输入大量的听力材料,开展大量有效的英语听力训练。通过参加英语听力训练,学生能快速掌握英语的表达方式和思维习惯。英语思维的形成与应用反过来又能促进英语听力的培养和提升,进而提高英语的口语、阅读、写作和翻译能力。

(二)口语技能教学的重要性

1.口语教学符合语言与语言教学的发展规律

作为人类交往媒介的英语同大部分语言一样,是一种有声的语言,它有自己独特的发音、书写形式和内涵意义。人们可以使用英语的发音和拼写来传递信息、交流思想和沟通感情。在正常的交际过程中,人们通过听力和阅读来获取信息,通过口语和写作来表达信息、传递信息,听力、口语、阅读、写作这四种能力在交际过程中相辅相成、互相促进,都是正常交际活动乃至跨文化交际活动中不可缺少的交际工具。

在外语教学的发展历程中,形成于十八世纪末期至十九世纪中期的语法翻译法是历史最悠久的外语教学法,但由于该教学法过分注重语法规则的掌握和使用,忽视了语音和口语的教学,阻碍了学生口语能力的发展和提升,受到了人们批判。根据语言教学重视实践化的发展规律，口语教学与口语训练应贯穿在整个外语教学的过程中，这样才能促进学生英语综合应用能力的提升。现代流行的外语教学法如"听说法""交际法""自觉实践法"等方法均强调口语训练在外语教学中的重要性。

2.口语教学有助于学生英语词汇的积累

英语词汇的理解和记忆一直是众多外语学习者需要克服的难题，实践证明，单个词的拼写和含义不利于学习者的大量记忆，而语句、段落是有情节的，将单个词放在句子和段落里，多读几遍，就更容易理解单词的含义，也更容易记忆。英语口语教学能帮助学生开展口语训练，学生在口语训练中会接触到很多陌生的词汇和语法，这对于学生积累词汇、熟练运用词汇以及短语来讲十分有益。实践证明，英语表达能力强的学生都擅长通过口语训练积累词汇，并借此提高口语表达能力。

3.口语教学有助于学生英语语感的培养

要学习英语就必须培养英语语感，语感是构成学习者英语素质的核心因素，英语水平高的人一接触英语话语就能立即领会说话人想要表达的意思，同时几乎能立马根据交谈的实际情况用英语给出自己的回应，这主要是英语语感在起作用。语感能帮助人们不必有意识地去考虑词形变化、句子构成成分等语法因素就能正确地组织语言，表达自己的想法。

然而任何一种语感都不是天生的，而是依靠后天的培养和学习获得的。虽然学习和练习英语语法规则、记忆英语词汇、培养英语思维方式有助于英语语感的形成，但只依靠英语知识和英语思维是无法形成语感的，只有实践才能检验这些词汇知识、语法知识的正确用法。英语口语教学通过开展口语实践活动帮助学生培养语感，这是因为在口语实践活动中，学习者的视觉、听觉等各种感官通过不断接触新的语言材料，积累新的词汇知识，进而对英语的语音、语调、语义及语气产生较为深刻的认识，就这样日积月累，逐渐养成了英语的语感。

4.口语教学有助于提高口语表达能力

在学习者学习英语的过程中，最开始只是语音、语调的学习和模仿，当然也少不了英语教师在纠正口型和舌位方面的帮助，经过学习者和教师的共同努力，他们才能克服发音不标准的困难；同理，要想进一步培养和提高学生的口语表达能力，相应的口语教学和训练必不可少。其一，口语教学和口语训练有助于学生克服不擅长用英语表达的心理障碍，教师在课堂上培养学生大声朗读的习惯，学生在课下才敢开口说英语；经过教师的引导和训练，学生不再害怕用英语表达自己。其二，通过朗读英语对话、文章等英语资料反复练习英语口语能帮助学生形成一定的英语语感，并初步养成自己的英语思维方式。

5.口语教学有助于提升其他语言能力

在高校英语教学工作的开展过程中，口语教学不仅仅是培养学生口语能力的教学活动，还是促进学生其他英语语言能力发展的重要手段。首先，口语中的听力和口语表达是相互依存、互相影响的关系，学生通过口语表达可以更加深刻地理解话语的语气、语调、重音、节奏等所包含的话语信息，并掌握重读、弱读、连读、不完全爆破等发音要领，这必然会增强学生的辨音能力，进而提高学生的听力技能。

在当前的教育环境下，书面语仍是高校英语教学的重点教学内容，这就导致了学生在教学过程中接触到的大部分语句都是结构完整、语法规范的句式表达，定语、状语、表语从句较多，长难句较多。这些书面语和日常生活中人们用来交际的口语有很大的区别。然而，随着近年来语言学和语言教学科学研究成果的发展和传播，人们对口语和书面语的关系有了新的认知，人们开始认为口语和书面语应该被看作语言形式的统一体。传统上被视为口语和书面语所有的结构，在两种语体中常常交叠出现。与此同时，当前口语表达的内容也更加复杂。在很多正式场合，例如学术交流、商贸会谈、求职面试、外交谈判等场合，人们常会使用大量的、类似书面语的词语和句子结构，因此有不少学者支持在英语教学中加入高度规范、精确的口语使用教学。因此口语教学需要和书面语教学结合起来，这样能更好地促进学生书面语能力的提升。

口语教学和口语训练还能促进学生英语写作能力的提升。人们在日常的交际活动中通常会使用自己掌握比较熟练的词汇、短语以及其他语法结构，这些语法结构是他们用英语进行思考、进行表达的重要组成因素；在用英语进行写作时，这些使用频繁的语法结构会首先出现在写作者的思路中，因

此，在口语训练中掌握规范的话语有助于提升学习者的写作能力。

综上所述，英语语言技能教学是英语教学不可缺少的组成部分，是提升学生英语综合运用能力的有效途径，因此，在互联网时代背景下，英语教学与信息技术的融合应用必须以帮助教师开展语言技能教学为目标，为学生听力技能和口语技能的训练提供教学资料，创造教学环境，最终完成教学任务。

五、达到英语教学的最佳效果

英语教学与信息技术融合应用的终极目标是达到英语教学的最佳效果。这一目标也是一个重要的英语教学目标。现代信息技术和设备在英语教学中的运用为这一教学目标的实现创造了条件。在英语教学工作开展的过程中，电子计算机作为一种信息技术设备，可以在很大程度上提升教师的工作效率，像教师的教案编写、教学资料的查询、教学课件的制作、学生成绩的录入、分析等工作都可以在计算机上完成，从而加快教师工作的速度。

在开展英语课堂教学活动的过程中，英语教师可以通过工作站、服务器等设备对教学内容进行讲解、介绍，并可以在线监督和管理学生的学习情况，通过服务器设备的记录功能将全班学生的操练过程记录下来，然后通过观看回放了解每一位学生的真实语言水平，最后对测试结果进行分析和统计。在批改作业或试卷问题上，客观性的题目例如选择题的判断也可以利用计算机软件来处理，主观题可以由学生通过电脑作答、保存，然后由教师利用文字处理软件进行批改和整理。这样不仅能从根本上解决学生数量多、教师数量少的矛盾，还可以提高教师处理这些事件的效率，让他们将更多的时间和精力放在研究课堂教学和培养学生素质方面。例如组织教学内容、研究教学方法、设计教学活动等。

而电子试题库的建立则为学生自行选择时间进行学习成果测试创造了可能性，电子试题库中的试题是根据学生不同阶段的学习任务设置的，一旦学生完成了某一阶段的学习任务，实现了一定程度的进步，就可以参加试题测试；如果通过了测试，那么他们就可以自动进入下一阶段的学习。只有这样，才有可能实现真正程度上的学分制管理，才能将学生从固定的教学环境、固定的教学资源、固定的教学方法中解脱出来。在这种环境下，教师可以根据学生的学习需求进行教学活动的改进,学生也可以选择自己擅长的方式尽快完成自己的学习任务。除此之外,教师与教师之间还可以利用现代信息技术分享教学资源、教学心得体会,例如某位教师将自己制作的多媒体教学课件上传到网络平台,其他教师看到后可以通过在线浏览或下载保存的方式进行学习,这样既能帮助普通教师学习其他优秀教师的优点,也能促使水平高的教师脱颖而出。

第四节 英语教学与信息技术融合应用的方法

英语教学与信息技术的融合应用已由开始的在教学示范课、教学优质课上的表演形式发展成为课堂教学的常用形式,这无疑给英语课堂教学改革注入了新鲜的血液。那么究竟如何实现英语教学与信息技术的融合应用呢?接下来本书将结合实例探讨英语教学与信息技术融合应用的方法。

一、将信息技术作为英语教学的工具

首先,本书认为,将信息技术作为英语教学的工具是实现英语教学与信息技术融合应用的有效方法。具体分析如下。

(一)将信息技术作为演示工具

将信息技术作为演示工具是英语教学与信息技术融合应用的初级阶段和最低层次。英语教师可以从现有的多媒体素材库或者教学辅助软件中获取教学需要的相关内容进行展示和讲解;也可以利用自己找到的教学内容资源制作成新的多媒体课件帮助自己在教学过程创设教学情境,使学生置身于生动、形象、轻松、愉快的语言学习环境。多媒体教学动静结合、色彩丰富的表现形式具有粉笔、黑板、投影仪等传统教学工具不具备的优势特点,能全方位地刺激学生的感官,突破传统教学模式的局限,发挥良好的演示作用。

（二）将信息技术作为资源工具

将信息技术作为一种资源工具是英语教学与信息技术融合应用的中级阶段和较高层次，目的是突破教材作为教学内容主要来源的限制，搜集和整理各种相关资源来填充、丰富课堂教学的教学内容，扩大学生对相关语言文化知识的接触面，为英语的进一步学习和应用打下基础。现代信息技术中网络技术的应用和普及为教学活动的开展提供了种类齐全、形式多样的信息资源，因此我们说可以将信息技术作为开展英语教学的资源工具。使用网络技术可以搜集以下三种类型的资源。

1. 课件资源

英语教师能否认真地研究教材并依据学科特点和学生的实际情况开发出适合课堂教学的计算机辅助教学课件是英语教学与信息技术融合应用的关键。对于英语教师来说，计算机辅助教学课件的设计应该以培养学生的英语综合应用能力为目标，突出能力培养的重点和难点，创设语言应用的各种交际情境。教师可以根据自己的思路利用原始的素材资源制作课件，也可以下载和学习网络上已有的课件资源。

2. 拓展资源

英语教师通过上网可以找到大量的与教学内容相关的教学资源。当前高校英语教学使用的英语教材中大部分单元话题都与人们的日常生活息息相关，都可以在互联网上找到同类型的话题资源，例如英美文学知识、英美时事新闻等话题资源。通过百度、维基百科、中国知网等在线学习平台，输入与话题相关的关键词，就可以查到大量相关信息。教师可以通过辨别和筛选找到自己想要的资源内容，然后将资源内容下载到本地或者将网页链接粘贴到课件中，为开展教学活动做准备。

3. 文化资源

当前高校英语教育的教学定位是培养和提高学生的英语综合应用能力，英语综合应用能力不仅包括基础的英语听、说、读、写、译五个方面的能力，还包括在特定交际情境下用英语开展跨文化交际的能力，这主要是因为来自不同民族文化的个体在开展跨文化交际的过程中，经常会因为双方文化的差异而影响交际的效果，因为文化碰撞而引发的误会更是难以避免。根据对实际跨文化交际行为的研究和分析可知，在不同民族文化的交流过程中，因为文化而导致的交际障碍要比因为语音、语法失误导致的交际障碍严重得多。

因此如果想要在与其他国家民族的沟通与交流过程中尽量避免出现文化信息的误解或文化冲突，减少沟通与交流过程中不同民族文化背景下交际双方之间的摩擦，那么我们就需要保证参与交际的人员具备一定的跨文化交际素养与跨文化交际能力，对交际对方的文化传统和文化禁忌有比较深刻的认知和理解，只有这样，才能实现跨文化交际的目的。因此，在高校英语教学的过程中有效融入有关英语国家民族文化知识内容的教学是十分必要的。英语教学与信息技术的融合应用为开展英语文化知识教学提供了良好的条件。

现代信息技术使得这些生动形象、丰富多彩的文化背景材料能够进入课堂，使它们成为学生学好英语的必要组成部分。例如教师可以利用多媒体教学设备和互联网信息技术通过精心挑选的图片、视频、音频等资料对某一英语文化现象及事物进行解释和说明，从而让学生在良好的视觉和听觉体验中了解和掌握文章中所描述的文化内涵，体验中西方文化的差异，为参与真实的跨文化交际活动奠定基础。

（三）将信息技术作为交流工具

把信息技术作为交流工具主要用来完成教师与学生、学生与学生、学生与英语为母语语言者之间的情感与信息的交流。语言最重要的功能就是实现人与人之间的交流，因此，在英语教学的过程中，教师要培养学生用英语开展对话与交流的能力。在这一过程中，师生互动、生生互动是培养此项能力的重要影响因素。在具备网络信息技术与设备的条件下，教师可以根据教学的需要开设一些专题或聊天室，并赋予学生自由开辟专题和发言的权力，使他们在课下有机会对课堂上未解决的问题、自己感兴趣的话题展开充分的讨论与交流。学生还可以通过注册国际聊天软件的账号与英语人士直接交流，这无疑将会大大提升学生的英语语感，提高他们的跨文化交际水平。

（四）将信息技术作为个别辅导工具

现代信息技术的发展催生了大量的计算机练习软件以及计算机辅助测验

软件，这些软件的主要作用就是帮助学生在练习中巩固学过的知识，掌握自己学习的进程，决定下一步学习的方向，实现个别辅导式教学。在个别辅导式教学中，计算机软件实现了教师职能的部分代替，例如出题、判卷等；此外，计算机软件还能通过精准的数据分析注意学生的不同差异，进而引导学生开展有针对性的练习。因此，教师可以筛选一些诸如知识练习、技能培训之类的计算机软件引导学生进行人机互动，开展自主训练、自主学习。这种做法有利于提高学生学习的积极性与主动性，减轻教师的工作负担，提高整体的教学质量。

二、将信息技术应用于英语技能教学

英语的专业特点决定了信息技术必须与英语听说读写技能教学进行融合，具体的融合方式如下所示。

（一）将信息技术应用于英语听力教学

有关听力教学的重要性，我们已经在本书的第四章第三节有所介绍，此处不再赘述。传统的英语听力技能教学主要依靠英语教师、录音带和录音机来完成，方式单一，材料有限，控制不便。现代信息技术的应用弥补了这些方式的不足。

1. 听力材料的存储

当前U盘、手机、平板电脑等现代信息技术设备具备体积小、容量大、资料传输迅速、容易保存、易于播放等优点。拿U盘来说，一个小小的U盘就可以存储几十盘录音带存储的内容；且U盘上资料的传输比录音带上资料的复制容易得多，只需要简单的复制、粘贴就能完成。如果是手机、平板电脑这类智能化信息设备，通过网络就能在线传输、分享或下载听力材料。

2. 听力材料的播放

传统的听力教学使用录音机播放听力材料，操作不便，播放内容不能任意重复、前进或后退，且不能受到外界干扰。使用计算机多媒体设备播放听力材料可以集文字、图片、声音于一体，可以有效激发学生的学习兴趣，且耳机式的听力练习设备有助于学生专注于听力材料，排除外界干扰；而且所播放的内容可以任意前进、后退和反复，如果学生有哪一句话或哪一段话没有听懂，想确认一下，就可以迅速地找到，并反复播放。

3. 听力材料的选择

传统的听力材料大多是与英语教材配套的固定内容，且多以对话的形式展开，内容和形式都比较单一。而互联网时代英语教师在选择听力材料方面拥有了更多的权力，可以选择更多包含地道英语表达的听力材料，例如多媒体视听材料：走遍美国、听力入门、英国广播公司新闻报道、美国广播公司新闻报道、实用听力等。

4. 观看英文原版影视剧

观看英文原版影视剧可以激发学生学习英语的兴趣，改变枯燥的教学模式，有效提高学生的听力技能。英文原版影视剧为我们提供了英语学习的真实语言环境，几乎包括了各个方面的英语知识，且有助于学生了解西方的人文历史和社会文化。一些影视剧例如《傲慢与偏见》《简·爱》《当幸福来敲门》《肖申克的救赎》《楚门的世界》《冰雪奇缘》《珍珠港》《百万英镑》《生活大爆炸》《唐顿庄园》《权力的游戏》等都是十分优秀的、展现英语语言知识文化的作品，值得学生们观看和学习。

（二）将信息技术应用于英语口语教学

当今时代，英语作为一种国际化的语言，其非母语使用者人数远远超过了其母语使用人数，初步统计全世界使用英语的人数已接近世界总人口的25%，而学习英语的人数则更多。面对这一现实，高校英语教师有义务引导学生充分认识到学习英语不只是可以同来自英国、美国、澳大利亚等以英语为母语的人们进行交流，还可以使用英语同来自其他国家和民族的人们进行跨文化交流。

从另一个角度来讲，我们学习英语不只是为了宣传英语语言和西方文化。近年来，伴随着中国综合国力的增强和国际地位的提升，学习汉语的国家和地区也日益增多，未来将会有更多的人们接触到汉语，学习汉语。在与这部分想要学习汉语的民族群体接触时，如果我们想要将汉语语言知识和文化介绍给他们，英语将会是一个非常重要的媒介，尤其对于那些出国授课的国际汉语教师来讲，更需要英语帮助他们在国外顺利地工作和生活。而对于英语口语能力的培养，离不开语言环境的帮助，计算机与网络的发展为学生创建了真实而广阔的语言环境。

1. 网上交谈

教师可以借助网络渠道在线聊天和电子笔友的功能,为学生创造一个真实的口语练习环境。教师可以引导学生通过在线聊天方式直接与国外说英语的人士开展对话,这种网上交谈与国际长途电话相比几乎没什么花费,既能使学生接触地道的英语表达,还能接触对方独特的思想观念,并与对方进行跨文化交流,输出中国优秀传统文化,这将有助于学生形成英语语感、树立正确的文化意识。

通过网上一些练习英语口语的软件及公众号,学生可以免费学习练习英语口语的技巧,甚至与精通英语口语的国内人士进行交流。与国外说英语的人士交谈相比,学生与这些国内人士进行交流可以交谈的话题会更多,也更容易明白对方想要表达的意思。

2. 教唱英文歌曲

对于学生来说,英文歌曲是一种内容丰富并蕴含大量发音技巧的语音练习方式,并且是一种通过网络很容易获得的语音练习资源。因此英语教师可以通过教唱英文歌曲的方式帮助学生掌握连读、弱读、节奏等发音技能,并培养学生的英语语感,提高学生的英语文化知识水平。

3. 朗读英语美文

英语美文体现了英美国家的思维方式、观念信仰和民族文化、价值追求,朗读英语美文不仅能帮助学生在朗读的过程中练习发音技巧,学习朗读规则,还能让学生感受英文的魅力,认知英美国家的文化。当前国内有很多朗读英语美文的公众号,公众号的朗读者大都是英语专业口语水平很高的老师,学生可以通过跟读、模仿发音的方式练习自己的英语口语。

4. 影视剧配音训练

英美国家有很多具有教育意义的经典影视剧,承载着、传递着正确的世界观与价值观,并且里边的台词都是十分地道的英语表达。因此英语教师可以选择经典英文影视剧的片段让学生开展模仿练习和配音练习,增加练习难度,鼓励其实现自我超越。

（三）将信息技术应用于英语阅读教学

与英语听力教学、口语教学相比，英语阅读教学可以说是最便捷、最经济、最自由也最独立的英语教学方式，无论是教师讲授还是学生自学，只要一本书、一个字典，就可以开展阅读教学或阅读知识学习。其次，对于英语教学来说，阅读教学还是一种最现实、最有效的帮助学生积累英语语言知识的形式。由于英语教学在中国属于第二语言教学，因此缺乏目的语教学的语言环境，因而也就缺少目的语语言知识和文化知识的输入；对于多数英语学习者来说，通过听的途径来实现语言的大量输入，掌握大量的英语语言知识也不太现实。而足够的语言输入是掌握一门语言的前提和基本保证，没有了这个前提，语言的掌握和运用就无法实现。无论是之前还是现在，英语阅读都是中国学生最现实、最有效的积累英语语言知识和文化知识的途径。

学生可以通过阅读培养自己的阅读能力，并借助阅读能力影响和发展英语综合应用能力中的其他能力，例如听力、口语、写作和翻译的能力。因为阅读可以增加学生的英语知识含量，这种知识含量不仅体现在语言方面，更体现在文化方面。当学生通过阅读掌握了相关英语语言文化知识，他就可以采用各种方法技巧将这些知识应用到英语语言的实践过程中，例如学生可以将阅读学到的知识观点用在与他人讨论问题的跨文化交际过程中，或者用在英语文章的写作过程中。

利用多媒体技术和网络技术辅助阅读教学是开展英语教学、提升学生阅读能力的一个新途径。这个方法可以有效改善以往英语阅读教学中存在的许多不良现象，例如文章题材有限、资料陈旧、训练方式单一等。因为网络资料具有题材广泛、资料新颖、更新及时、反馈及时的特点。它可以改变以往的阅读教学模式，激发学生的阅读兴趣和求知欲望，从而有效提高学生的阅读能力，培养学生的自主学习能力和探索精神。

1. 将信息技术应用于英语阅读教学的思路

英语教学中涉及的阅读材料是一定社会制度和文化背景下的产物，因此学生需要掌握一定的西方文化和社会背景知识才能全面、透彻地理解材料的内容与含义。互联网时代背景下，高校英语教学可以利用互联网信息技术和多媒体设备获取信息资源，设计教学行为，构建教学活动，传授给高校学生

高校英语阅读的基本知识和相关技能，培养学生利用互联网和多媒体技术获取英语阅读资源的能力和提高英语阅读技能的能力，同时引导学生感悟计算机文化的丰富内涵，拓展学生的文化视野，树立学生的文化意识。

互联网信息技术的发展还为多媒体辅助高校英语阅读教学提供了良好的条件。因为对比传统的印刷文本类型的教学方式，多媒体将阅读内容的文本、声音、图像等媒体信息融合在一起形成一种综合信息，从而增加学生的阅读兴趣；与此同时，多媒体自带的辅助功能，如在线词典、电脑发音等功能，可以帮助学生更好地理解阅读材料，降低阅读的难度，提高阅读的效率。除此之外，多媒体技术用于高校英语阅读教学的思路还体现在学生对电子阅读文本的学习上。利用计算机多媒体设备，学生可以直接对电子文本进行复制、修改，阅读行为不再是学生的单向付出，而是学生与阅读文本之间的双向交流、互动。这种双向的交流模式更有利于学生开展自主学习。

2. 将信息技术应用于英语阅读教学的策略

由于阅读教学涉及信息的接收、处理以及社会文化背景知识对学生理解力的影响，因此现代信息技术背景下英语教师在对学生的阅读技能进行训练时，可尝试采用以下三种策略。

（1）建立、拓展图示策略。

建立、拓展图示策略指英语教师在开展阅读教学的过程中，要训练学生掌握与阅读材料有关的背景知识，增强学生对篇章的联想、制约和理解能力。教师要提供机会以唤起学生已有的背景文化知识，同时还要拓展一些与信息相关的背景知识。该策略主要用于阅读课教学的引入阶段。

教师在讲解和介绍英语阅读材料的过程中常常需要对中西方文化中的差异性进行对比，例如中西方的社会制度差异、风俗文化差异、思维方式差异、道德观念差异等，此时英语教师就可以利用多媒体信息技术建立起图片、动画、视频、音频等图式，帮助学生理解阅读材料或介绍相关社会文化背景知识。一般学生对材料的背景文化知识了解得越多、越深入，就越有利于理解材料。

社会文化背景知识对于英语语言基础薄弱的学生学习阅读材料来说尤为重要，因为这一部分学生只会使用低层次的处理技能认知和理解英语语言词汇和语法，并且由于技能掌握不足经常会导致认知失误；而启动和建立材料

的社会文化背景知识则属于高层次的处理技能，借助这一技能，就可以弥补认知失误的不足。互联网信息技术为英语教师在教学过程中生动地展现或导入背景知识提供了便利。

（2）训练阅读技巧策略。

训练学生的阅读技巧策略是指英语教师要通过训练学生掌握和运用高超的阅读技巧帮助提高阅读材料理解能力的方法策略。该策略在英语阅读教学过程中以教师布置任务、学生完成任务的方式进行。高校英语教学过程中该方法策略通常需要训练学生的以下几种阅读技巧：

第一，猜测技巧。猜测技巧是指学生根据已经掌握的材料主题以及社会文化背景知识或者建立起来的图式能高效预测所要听、读内容的技巧。

第二，寻读特定信息技巧。这一技巧是指在阅读材料过程中学生能很快找到其中一条或几条特定信息的方法技巧。

第三，掌握材料大意技巧。这一技巧是指学生能够通过快速浏览全文，掌握材料中心思想或主题含义的技巧。

第四，识别功能、话语结构技巧。这一技巧是指学生能够通过识别特殊含义的符号进行选择性阅读的技巧。

第五，根据上下文猜测词句含义技巧。这一技巧是指学生在阅读材料的过程中遇到不认识的单词或句型时能根据上下文语境猜测其意思的技巧。

（3）丰富语言输入策略。

语言课堂的教学活动可以分为两大类，即为学生提供语言输入类和鼓励学生输出语言类。语言的输入要依靠听力和阅读，语言的输出则依靠说和写。输入和输出关系密切，没有输入就没有输出，通过多听和多读能够使学生输入的语言材料越来越丰富，掌握的语言知识越来越多，也就越有利于语言输出的准确性、流利性和多样化。英语教师要广泛搜集和整理教材之外的，适合学生了解的英语语言阅读材料，为学生提供多种接触真实语言材料的机会，训练学生的阅读技巧和阅读能力。如图所示，英语教师在选择网上阅读材料时，要遵循以下五项原则。

图 4-6　选择网上阅读材料的原则

第一，拓展性。拓展性就是指教师从网上搜集、筛选的阅读材料应该是对教材内容的延伸与拓展，而不是与教材内容类似或重叠的材料，这样才能引起学生的学习兴趣。

第二，时效性。时效性是指英语教师所选取的阅读材料应是新颖的，与当下新闻热点相关的。

第三，趣味性。趣味性是指英语教师选择的阅读材料最好是学生感兴趣的话题或热点，例如与学生专业发展相关的阅读材料。

第四，科学性。科学性是指英语教师选择的阅读材料应该是真实的、符合客观事实的。因为网络上的信息具有虚拟性和随机性，不一定都是真实的。

第五，艺术性。艺术性是指英语教师选择的阅读材料要符合学生的阅读水平，不要过难或者过易，可以根据学生的情况对原文进行适当的改编。

（四）将信息技术应用于英语写作教学

众所周知，文章和著作是记载人类文明、传播人类思想的重要手段，而无论是文章还是著作都需要依靠写作来完成。但不管是在母语中还是在二语中，写作对于学生来说都是一个相对的难题。尤其是当学习者将英语作为第二语言学习时，英语写作就不仅是一种表达思想的手段，更是衡量学生英语综合语言水平情况的尺度。学习者要想在英语写作方面有所成就，就必须具有扎实的英语语言基础、丰富的英语文化认知、出色的英语思维方式以及英语语言的综合运用能力，这些也是英语写作教学的重要教学内容。因此，写作教学在英语教学中具有重要的地位。

传统的英语写作教学模式可以说十分的程序化，一般都是英语教师先布置本堂课的写作任务，然后向学生提出写作的意见和要求，随后学生开始练习和写作，一段时间过后，教师会统一将学生写完的内容收上来或者随机挑选几名学生分享他们的写作内容，这种教学模式显然缺少教师与学生之间、学生与学生之间的相互交流，不利于学生写作能力的快速提升。

1. 信息技术在英语写作教学模式中的应用

将信息技术应用于英语写作教学不同于传统的写作教学模式，这种写作教学模式强调在网络环境下开展教学活动。具体的教学设计如下所示：

（1）明确写作主题和要求。教师根据教学要求，参照在网络教学平台上看到的写作教学案例，向学生明确写作的主题和具体要求，例如字数要求、表达要求、格式要求等。

（2）搜集和整理写作资料。学生在明确写作主题和写作要求之后，运用网络技术和设备搜集与写作内容相关的资料，在学习和分析后开始写作练习。

（3）互相交流和修改作业。学生在完成写作后将自己的作业发布到班级信箱或论坛中，每位同学都能看到其他人的作业，可以据此开展交流和讨论，然后根据交流的结果对作业进行修改、完善。

（4）教师点评作业。最后由教师对学生的作业进行批阅，发现作业中的优秀作品并给予表扬，组织学生们进行观摩和学习，这将有利于学生写作水平的整体提升；教师还可以通过电子邮件进行校际交流，将优秀的作品上传到特定的学习网站供大家学习和参考。对于写作中的错误表达也要耐心地指正，并向学生讲授合适的表达方式，培养学生的英语思维和想象力。

与此同时，为了尽可能地减轻汉语语言文化对英语写作的负迁移影响，在英语写作教学中，英语教师应该鼓励学生掌握中西方在思维方式、表达方式等方面的文化差异以及这种差异影响下的英汉写作特点，提高学生对英语语言文化的敏感度和学生的英语语言运用能力。

第四章 英语教学与信息技术融合应用的探索研究

具体分析，高校英语教师可以利用文字、图片、视频、音频等多媒体教学手段为学生营造一个学习英语语言文化的最佳环境，让学生尽可能多地了解英语文化背景，还可以组织学生与外籍学生、教师、学者开展线上会谈，深入了解真实的英语民族的文化。通过各个途径、各种层次的接触和了解，使学生形成对英语文化的认知体系，加深对英语语言的感知力，提高对该语言的使用和创作能力。

2. 信息技术在英语写作方式中的应用

传统的英语写作训练方式较为单一，教师一般会要求学生直接就某一主题内容或写作要求进行写作，或者通过改写课文的方式进行写作。而现代信息技术和设备的应用则可以使英语写作方式变得更加灵活、生动、有趣。具体分析如下：

（1）情境写作。多媒体技术和设备为学生开展情境写作提供了便利条件，常见的情境写作的流程是：情境呈现——讨论交流——进行写作——完成写作——展开评价。教师可以用多媒体设备代替传统的书本文字对写作要求进行展示，例如教师可以通过展示图片、画面甚至一段视频故事，让学生观察写作内容的主体和其中蕴含的深层含义。与此同时，教师可以设计一些生动有趣的练习活动帮助学生掌握英语词法和句法的使用方法，逐步开展写作训练。

（2）交流写作。在校园网上开设英语 BBS 公告栏，把写作作业布置在 BBS 上，作业形式有看图写作、撰写贺卡、改写课文、续写故事、命题写作等。学生把第一稿发送给教师，教师查看批阅后再返还给学生修改，经过几次交流修改后定稿。优秀的作业发布在英语 BBS 上，供大家学习和讨论。"故事接龙"的写作方式极具趣味性和创作性，在续写的过程中，作者与作者、作者与读者、读者与读者之间都可以进行充分的交流，实践证明，这种写作方式能调动学生参与写作的积极性与主动性。

（3）一体化写作。一体化写作就是将阅读和写作结合起来的写作方式。中国有句古话说得好："读书破万卷，下笔如有神。"这句话的意思是说当一个人的阅读量达到一定水准之后，他就会很擅长写作，也就是说，阅读和写作二者之间关系密切，具有一定量的语言输入是写作的基础。阅读不仅能为学生积累写作的材料，让学生知道可以写什么，还能在无形中帮助学生掌握

正确的表达方式，让他们知道应该怎么去写。因此在英语写作教学中，英语教师应该引导学生充分利用网络资源阅读各种题材、各种体裁的英语资料来了解英语国家民族的思维方式、价值观念、社会文化、道德理念等知识文化，为英语写作积累写作素材、培养英语思维，掌握写作方法、技巧。

（4）电子邮件写作。国外有很多研究与实验表明，电子邮件除了可以用来加强人际交流以外，在写作教学方面也能发挥重要的作用。新加坡和加拿大的教学研究者们发现，让学生利用电子邮件结交国际笔友，学生为了在交际中更好地传递信息、表达思想，会积极地查阅资料、修改内容，使自己的表述更准确、更清楚。在这种跨文化的交际活动中，学生们都在进行真实的、具有现实意义的语言实践活动，既提高了写作能力，也提升了跨文化交际能力。

第五章　英语教学与信息技术融合应用下教学模式的创新发展

第一节　慕课教学模式

一、慕课的定义

近年来，随着信息技术在教育领域的应用，在线课程教学方式作为一种新型教学模式受到了大家的广泛关注，慕课（MOOC，Massive Open Online Course）可以说是这种教学模式的代表。慕课，即大规模在线开放课程，通俗地讲，慕课是为了增强知识的传播而由具有分享和协作精神的个人或组织发布在互联网上的开放课程。慕课教学模式出现后，便迅速凭借其科学合理的教学内容、多媒体化的教学资源、经验丰富的教学团队以及精心设计的在线学习活动等优势为学习者们提供了灵活、免费、优质的学习机会，从而吸引了大量学习爱好者，也促进很多高校和教育机构开始发展开放在线课程和在线教育项目。

慕课教学模式起源于国外，但慕课教学模式自从被我国教育学界和我国的学习者接触到之后，就迅速成为国内教育界熟知的一种开放在线课程，与之相关的各种研究和应用也越来越多，成为大家重点关注的一种开放在线课程，甚至在一定程度上成为开放在线课程的代名词。但事实是，慕课并不等

同于在线课程，而只是众多在线课程中的一种。开放在线课程形式多样，其区别体现在应用范围、开设方式和教学过程等方面。目前世界各国、各地区为了发展教育，已经推出了多种类型的开放在线课程，例如：

LOOK（区域开放在线课程）；

SOOC（小型开放在线课程）；

BOOC（大型开放在线课程）。

慕课的英文字母是 MOOC，这四个字母分别有其代表的含义。

第一个字母 M 代表 Massive（大规模），指的是参与这种开放性课程的人数众多、因而课程开设的规模较大。

第二个字母 O 代表 Open（开放），指的是这一课程以学习者的学习兴趣为导向，兼具有开放性，无论是谁都可以登录网络平台参与学习。

第三个字母 O 代表 Online（在线），指的是参与课程学习的时间安排十分灵活，课程使用客观、自动化的线上学习评价系统，包括随堂测验、考试等环节设置，而且还能运用大型开放式网络课程网路来处理大众的互动和回应，保证教学互动。

第四个字母 C 代表 Course，表示课程包含的学科种类繁多，课程的范围不仅覆盖了广泛的科技学科，比如数学、统计、计算机科学、自然科学和工程学，还包括了社会科学和人文学科，例如语文、历史、美术等。

不同类型的开放在线课程具有不同的针对性和教学特色，但其最终目的都是为学习者提供更多、更合适的学习机会，也给教师提供了展现自己教学能力和风格魅力的平台。对于高校英语教学工作的改革与创新来说，采用慕课教学模式开展教学活动更具有特殊的意义。

二、慕课教学模式的意义

采用慕课教学模式的意义主要体现在符合高校人才培养的需要、利于教师教学能力的提升、促进专业教学团队的建设、促进学生英语水平的提升四个方面，如图 5-1 所示。

第五章 英语教学与信息技术融合应用下教学模式的创新发展

符合高校人才
培养的需要

促进学生英语　　　　　　　　　利于教师教学
水平的提升　　　　　　　　　　能力的提升

促进专业教学
团队的建设

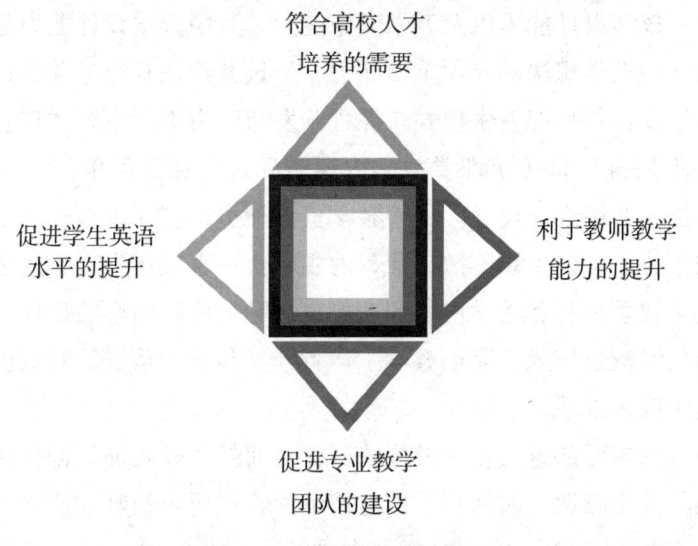

图 5-1　慕课教学模式的意义

（一）符合高校人才培养的需要

当前高校教育教学工作开展的目标是为国家和社会的发展培养专业能力突出、综合素质水平较高的新型人才，其中应用型、实践性人才的培养更是各类教学工作开展的重中之重。根据 2017 年大学英语教学指南中的规定，各大高校应在遵循语言习得和学生学习规律的基础上，根据高校类型、高校层次、招生类型、办学定位、人才培养目标等，合理安排相应的教学内容和教学课时，构建反映本校特色、科学合理、动态开放的大学英语课程体系。

所以说现在的高校英语课程，即使是同名课程，其课程目标、教学课时、学分安排、目标群体也会有很大的差异；即使使用的教材相同，其教学内容、教学方法、教学效果也各有特点。对于这些高校来讲，如果直接借用其他高校的在线课程资源显然并不合适；为了体现高校的办校特色和学科建设特色，他们需要积极探索和研究适合本校人才培养的大学英语在线课程，也就是慕课教学模式在课程建设中的应用。

（二）利于教师教学能力的提升

学者黄元国和陈雪莹将大学教师的基础性教学能力分为三种：学科知识

运用能力、教学设计能力以及教学实施能力。其中教学设计能力是体现教师的教学思维和教学想法的一项重要能力。经过教师认真思考并操作实践后呈现出的教学设计是慕课教学模式在课程开发与建设中的重要体现。因为慕课的制作并不是直接将传统课堂教学内容搬到线上那么简单，它是基于多媒体和信息技术的精细化设计。尽管教学资源种类丰富，很多资源呈现出碎片化、零散化特征，但主线不散，课程的主题会一直很集中。除此之外，慕课平台能记录教学过程和教学内容的功能也会影响课程内容的设计。高校英语教学应用慕课教学模式，英语教学工作者开发和设计慕课能有效提高教师教学能力还体现在以下三个方面：

一是微视频授课方式相比较传统的面对面教学模式能促进授课内容的显意识优化。微视频课程时间短、内容精练的特点要求教师在课前对课程内容进行深入分析和研究，然后在视频中进行言简意赅地讲授。经过反复的录制、修改，教师的一些重复性话语和习惯口头禅都大量缩减，因而课程的节奏变得更加紧凑，课程重点更加突出，信息密度也大大增加。视频课程最终以一个作品的形式呈现，学生可以反复观看、学习。

二是英语教师需要仔细研究并改进课程内容的系统性和层级性。由于慕课主要以微课视频的形式开展教学活动，而微课视频的课程容量不同于传统课堂教学，所以微课视频对教材内容的章节划分也不同于传统教学模式。英语教师必须重新梳理原来的知识点内容，并依据网络授课方式的特点对知识进行合理地拆分与重组，从而构建层次分明、结构合理的课程章节框架。

三是英语教师需要精心设计在线练习和测试环节。为了保证学生的学习效果、调动学生学习的积极性与主动性，英语教师需要认真研究和设计慕课在线课程中的在线练习和测试环节，要注意练习和测试的设计必须与授课内容配套，必须针对课程的重难点问题进行设计，这样才能达到巩固学习成果的作用。

（三）促进专业教学团队的建设

高校英语慕课教学模式的应用能够促进英语教学团队的建设。高质量的高校英语教学团队应该由综合教学能力强的英语教师组成，综合教学能力突出的英语教师应掌握扎实的专业基础知识，具备较强的英语语言应用能力和

第五章 英语教学与信息技术融合应用下教学模式的创新发展

交流能力、专业资料搜集和整理能力、组织和设计教学活动的能力、开展专业学术研究能力、多媒体课件和微课程制作能力等，但事实是，目前高校英语教学团队中这样的多面手所占的比例还有待提高。而任何一门英语在校课程的建设都是一个复杂的系统工程，单靠一人之力难以建设成功，只有整个教学团队齐心协力，相互支撑才可能完成。集体备课、分工协作、新教师和老教师相互帮助，减少重复性劳动是这项工程建设的必经之路。所以改变传统课堂孤军作战的局面，整合教师资源、推进团队建设，应用慕课教学模式为教师的职业发展提供了一个现实可行的机会，也能在一定程度上完善高校的师资队伍建设。

（四）促进学生英语水平的提升

慕课教学模式在我国高校英语教学中的兴起对学生英语水平的提升具有重要意义，这主要体现在以下四个方面。

1. 创造语言使用环境

对于中国学生来说，英语学习是第二语言习得，因此他们本身不具备学习英语的语言环境，在课堂上学到的知识难以应用到现实生活中，降低了英语语言知识学习的实效性。这在很大程度上影响了学生学习英语的态度和信心，对提升学生的英语水平来说十分不利。慕课的出现能够为学生创造良好的语言使用环境，即学生可以接触地道的英语表达，甚至可以和来自世界其他国家、以英语为母语的人们进行在线交流，因而能快速提升学生的英语水平。

2. 搭建能力培养平台

我国的高校英语教学虽然一直在革新，但整体上教学的中心还是放在英语语言基础知识教学上。这种教学模式虽然能帮助学生打好学习英语的基础，但也会影响学生将英语学习与专业学习结合起来，进而影响自身综合能力的提升。在这种教学环境背景下，很多学生忽视了英语的学习，也没有意识到掌握英语技能对自己未来职业道路发展的帮助。慕课的出现能够为学生提供最新的发展评估和专业动向，有利于激发学生学习英语的积极性和主动性，促使学生提升自己的英语水平。

3. 扩大英语知识储备

传统的英语教学模式以课堂教学的形式展开，在有限的课堂时间内，学生接触到的英语语言知识也是有限的。而慕课教学以互联网为依托，为学生提供了丰富的英语学习资源，方便学生及时查找自己想要了解的英语知识；与此同时，慕课的在线课程还包含了在线论坛和小组讨论，提高了学生学习英语的兴趣和效率。

4. 平衡学生学习水平

不同学生的英语学习基础、学习风格和学习能力各有差异，而在传统的英语课堂教学中，教师没有条件根据不同学生的学习特点开展一对一教学，只能根据学生的平均水平进行讲解和指导。在这种教学背景下，有些学生的水平已经超出了当前的教学水平，但有些学生还在为没有赶上教师的教学进度感到苦恼。慕课教学模式通过开放性的网络平台为学生提供了有针对性的教学，能够有效缓解学生学习水平不一导致的教学矛盾。慕课可以不受时间和空间的限制为不同水平的学生提供知识巩固和能力拓展的服务。

三、慕课教学模式的特点

慕课教学模式的普遍性特点主要体现在以下三个方面。

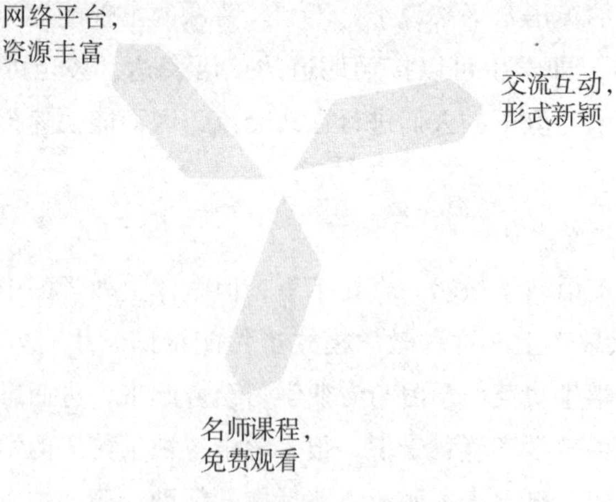

图 5-2 慕课教学模式的普遍性特点

（一）网络平台，资源丰富

尽快实现教育资源的均衡分布一直是我国教育事业努力发展的方向。受

地域差异和经济发展水平差异的影响，不同地区的英语教学呈现出不同的水平和特点，导致不同地区学习者的英语水平也不尽相同。慕课的出现在很大程度上解决了教育资源分布不均衡的问题，这主要是因为慕课通过网络平台的方式进行教学，打破了地域的限制，使不同地区的学习者都有机会接触优质的课程资源。

（二）交流互动，形式新颖

慕课是通过上传教学视频的方式进行教学，并在视频后附有学习测试，因此学生可以根据视频的引导开展学习活动。这种教学模式能促进师生之间的互动，便于沟通与交流，能让学生感受到自己的进步与成长。

（三）名师课程，免费观看

通过网络平台，来自世界各国、各地区的名师可以上传自己的教学视频，分享自己的教学观点，随后世界各地的学习者都可以通过上网观看视频进行学习，从而缓解了教育资源分布不均衡所产生的教育差距问题，还能使学生接触到现实生活中接触不到的学习资源。同时，由于这些资源是免费的，学生不必担心学习的费用问题。

在线课程教育的兴起促进了我国慕课平台的搭建。2013年，我国成立了东西部课程共享联盟，并将这一年称作"中国慕课元年"。2014年5月，中国大学MOOC平台由网易与高教社"爱课程网"合作推出，它联合北京大学、复旦大学、浙江大学、新加坡国立大学、微软亚洲研究院等211所知名高校和机构推出上千门精品大学课程，截至2022年7月，已有803所院校机构加入了这一平台的建设。中国大学MOOC平台创建的目标是让每一个有提升愿望的学习者都能在该平台学习到中国最好的大学课程，并获得认证证书。

在我国，学习英语也有专门的慕课平台，那就是中国高校外语慕课平台UMOOCs。UMOOCs是中国高校外语慕课联盟的慕课平台，是高校专属的外语在线课程平台。中国高校外语慕课平台汇聚国内外各高校优质课程，各高校可引入联盟优质资源建设本校精品课程，实现跨校课程共享和学分互认。无论是中国大学MOOC平台还是中国高校外语慕课平台，都体现出以下两个方面的特点。

首先，集约性。以中国大学 MOOC 平台为例，该平台在国内著名高校引领团队的精心打造下收集、整理了全国各地的优秀教育资源，形成了国内比较成功的一个教学范式。该平台的建设不仅有利于学生的学习和成长，还有利于教师教学水平的提升。对于学生来说，无论你是来自国内重点高校，还是来自普通院校，都可以通过注册成为平台的成员，然后通过慕课学习平台获取最优质的学习资源；对于教师来说，他们可以通过观看平台上的名师教学视频学习他们设计教学的过程、布置作业的角度以及评定学生成绩的方法，进而提高他们使用现代信息技术开展教学的能力，找到最适合学生发展的教学模式。

其次，广谱性。互联网时代现代信息技术的发展带动着世界各国、各地区的教育进入"在线课程"阶段。在慕课教学模式下，教师授课可以不受时间、地点、学生人数等因素的限制，一些著名教师开设的慕课有时可以吸引几千人甚至几万人同时在线观看。我国当前的高校学生人数十分庞大，但英语教师的数量却十分有限，如果一名英语教师用传统的课堂教学模式开展学生人数过多的教学活动，其教学效果就难以得到保证。此时慕课本身所具有的广普性就能够很好地解决这一问题。慕课作为一种新型的教学模式对全体学生开放，不管学生身在何处，只要有网络和智能设备就能随时开展学习。

四、慕课的设计与实施

（一）慕课的设计

1.明确课程建设目标

高校英语慕课的设计首先要注意明确慕课建设的目标，为课程的建设设立好方向。秉承着促进课程资源共享与教学过程更加开放的教学理念，高校英语教学慕课建设的目标应设定为在互联网信息技术的帮助下，通过灵活、新颖、现代化、数字化的教学方式激发学生学习英语的兴趣，转变学生对传统英语学习枯燥无味的认知偏见。具体来说，就是需要英语教师在课程设计与开发之前就已具备专业的英语知识和技能，并且具有搜集和整理在线课程资料的能力。

第五章 英语教学与信息技术融合应用下教学模式的创新发展

在整理完相关教学资料后,英语教师还要根据一些专家和学者提出的专业性建议进一步明确慕课建设的目标和整体结构,保证慕课建设的目标符合高校英语教学的整体目标,慕课建设目标中规定的教学内容包含高校英语教学目标中涉及的相关知识点,以确保课程开发和设计的有效性、全面性。与此同时,为了加强高校英语慕课建设的针对性和实用性,高校英语教学工作者还要依据教育教学改革发展的要求,结合学生的学习特点,注意更新和维护慕课的教学内容,从而构建一个动态化的慕课体系,以实现慕课的内容动态化、交互动态化和时空动态化,提高高校英语在线课程的整体水平和质量。

2. 丰富课程教学内容

高校英语慕课的教学内容设计应呈现出内容的多样化和丰富特点,即课程内容设计不仅要体现出课程主题的专业、精细,还要注意课程时长方面的控制。英语教师除了要选择一些与日常生活息息相关、能引起学生兴趣的话题作为课程教学的内容之外,还要引入一些与课程主题相关的动画资料、视频资料等,为学生营造一个良好的在线英语学习的氛围,例如教师可以搜集一些名师授课的视频、英文纪录片、动画、影视剧等,让他们在自由轻松的学习环境中享受英语知识的输入,加深对所学知识内容的印象和理解。

当然,英语教师要确保所选视频资料的播放时间在 5 到 15 分钟之间,因为时间过长的视频中包含的知识内容也会比较多,这样一来就会增加学生理解和消化这些知识的压力,达不到较好的教学效果。

除此之外,英语教师还要有意识地添加一些语言文化知识方面的内容。学习英语不仅是要掌握一种语言的使用方法,还要了解语言背后的国家和民族的思维方式、精神内容、文化习俗等,进而理解该民族或群体的价值观念和行为标准,消除固有的文化偏见,尊重不同的民族文化,树立学生的文化意识,提高学生的跨文化交际能力。

3. 健全评价反馈体系

高校英语慕课的考核评价和反馈是衡量英语教学效果、评价英语教学质量、检验英语教学目标是否达成的重要手段,对教师开展课程设计起到了导向作用,对提高学生的学习主动性和积极性也具有促进效果。英语慕课的考核一般也会通过网络在线上开展,具体的在线考核方式包括单元考核、期末

考核、视频学习完成效果考核、线上讨论互动表现考核四种，其中单元考核和视频学习完成效果考核占总分值的一半，线上讨论互动表现考核和期末考核占另一半，总计分数按照百分制计算，教师要根据每部分的实际学习情况给予科学合理的评价。

与此同时，英语教师可以通过在线云平台系统上传英语慕课的作业安排，学生通过电脑或手机等其他移动终端下载作业内容完成后再上传到云平台上，由教师接收并进行批改和反馈。这种新颖的、现代化的布置作业和完成作业的方式不仅能提高学生学习英语的兴趣，还能激发学生的想象力与创造力，提高英语在线课程的效率。除此之外，英语教师还可以通过在线平台对学生的学习时段、学习方式、学习中遇到的问题、学习的状态和频率等具体情况进行监督、记录，以便及时跟进学生的学习生活，帮助学生解决学习中遇到的困难并给出专业的指导意见，从而真正实现差异化教学和个性化教学。

（二）慕课的实施

1. 加强慕课基础设施建设

高校英语教学慕课的实施依赖于完善的网络基础设施，网络基础设施中的硬件设备及其提供的网络环境能确保各学科门类慕课实施的流畅性和完整性。因此各高校应重点加强本校各专业的慕课基础设施建设，具体的措施包括建设和改造网络实验室和多媒体教室，配置数据库服务器以及网站服务器，积极开发和建设网络教学支撑系统、教务信息管理系统及其他教学服务系统。

与此同时，还要考虑到慕课实施阶段由于同时间段访问人数增多而可能导致的系统运行缓慢甚至崩溃的情况。为了防止此类现象的发生，高校网络教学管理人员要对网络在线系统进行实时监控、维护和定期升级、更新，从而保证整个平台系统在运行过程中保持稳定。此外，还要通过在线反馈渠道收集和整理师生在使用平台系统的过程中遇到的各种问题并及时回复、解决，问题归类整理成注意事项供师生自主查询。

2. 加强教师培训力度和学生监督力度

为深化互联网信息技术与高校英语教育融合的教学改革，促进高校英语

教学在线课程尤其是慕课的建设与普及，为慕课的设计与实施培养专业型人才，高校要定期组织英语教学工作者就慕课的设计、实施、管理与评价等内容进行培训，激发英语教师利用互联网信息技术创新教学模式和教学方法的潜力，增强英语教师在信息化时代的慕课教学能力。

英语教师在通过培训和学习提升自身慕课教学能力的同时还要引导学生积极参与到慕课的学习中来，激发学生通过慕课学习英语的兴趣，提高学生的学习效率，化被动学习方式为主动学习方式，从而真正提高学生的英语水平和英语应用能力。

第二节 微课教学模式

一、微课的定义

微课是一种以微学习理论为指导，通过分解教学目标、内容和过程，突出教学重难点，建构微型化学习资源，以支撑微型学习的一种课程。微课的主要教学方式是移动教学或在线教学，与常规课程相比，微课也具有完整的知识结构体系、教学设计、教学活动、教学评价等环节的设置，只是课程目标简洁、课程内容偏少、学习持续时间较短、学习实际较为灵活。[1]

微课的核心价值在于"微"，其课程研究的主要问题都是一些关注点较为集中的细微之事。一般课程的主题明确，直指问题中心，关注点鲜明而简练，一件事就是一个话题，一个话题就是一段课程，在构建课程内容体系的同时，教学者要将教学内容进行碎片化、情境化和可视化处理，使之成为学习者在智能手机、平板电脑等便携式学习装备上也能进行学习的重要资源。

对于学生来说，微课为其提供了"自助餐式"的学习机会，微课服务学生开展自主学习的目的在于帮助学生理解某一学科知识的核心概念和重要观点，掌握某一学科知识的学习方法和应用技能，使学生在短时间内集中在

---

[1] 王磊. 互联网＋背景下高校英语有效教学研究[M]. 长春：吉林人民出版社，2019：140.

某一主题的学习上，系统地、完整地、在一定时间段内完成该主题课程的学习。

二、微课的主要特点

如图 5-3 所示，微课的主要特点集中体现在以下七个方面。

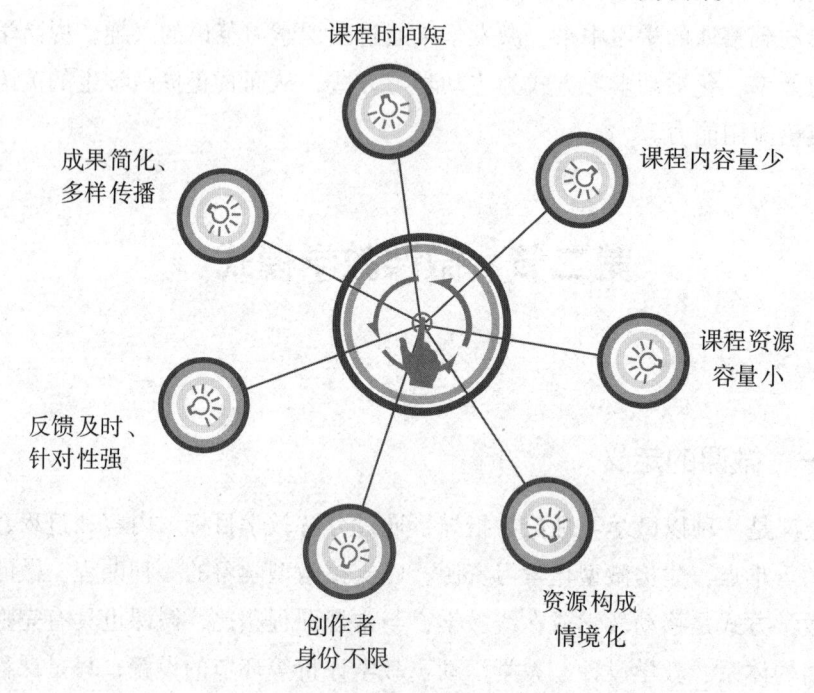

图 5-3 微课的主要特点

（一）课程时间短

教学视频是微课的核心组成部分。根据高校学生的认知特征和学习心理，微课的时长一般设置在 5 到 15 分钟，最长不超过 15 分钟。对比传统的每节课 45 或 50 分钟的教学课例来说，这样的时间是比较短暂的。

（二）课程内容量少

相比较于信息量大且宽泛的传统课堂，微课研究的问题聚集，主题突出：课堂教学中某个学科知识点（如学科重点、难点和疑点内容）或是某一

主题的教学活动是微课的主要课程内容，因此说相对于一节传统课程要完成的复杂的教学内容，微课的内容更加精简。

（三）课程资源容量小

从微课视频及配套辅助资源的总容量上来说，一般所有资源的容量加起来也不过几十兆，且视频格式必须是支持网络在线播放的主流媒体格式，只有这样教师和学生才能流畅地在线观摩课例，查看教案、课件等辅助资源，也可以比较方便地将视频下载、保存或转发。

（四）资源构成情境化

以教学视频片段为主线整合而成的多媒体素材和课件、学生的参与评价、教师的教学反思以及学科专家的专业点评等教学资源构成了一个主题鲜明、类型多样、结构合理的微课主题单元资源文件夹，这些文件夹中的内容为师生营造了一个真实的"微教学资源环境"，这种资源环境使微课具有视频教学案例的特征。广大师生受益于这种真实的、典型的、案例化的教与学情境，进而可以实现隐性知识等高层次思维能力的培养和提升，并可以沉浸式体验不同教学技能和风格的特点，从而迅速提升教师的教学水平，提高学生的专业知识水平。[①]

（五）创作者身份不限

由于微课的内容量小、制作简单，所以人人都可以创作微课；对于学校教育范围内的微课制作来说，正是因为课程的使用对象是教师和学生，课程创作的目的是将教学目标、教学重点、教学方式等紧密地联系起来，是为了传播教学知识和技能，而不是为了验证什么理论、方法，所以微课的内容一定是创作者感兴趣的且能提供解决方法的问题。

（六）反馈及时、针对性强

由于微课能使教师在较短时间内集中开展"没有学生"的上课活动，并且微课视频具有即时发表评论的功能，所以教师能及时看到观看视频者对自

---

① 黄强. 微课制作与创新教育[M]. 哈尔滨：哈尔滨出版社，2020：5-8.

己教学行为的评价，获得反馈信息。

微课的首要服务对象是学生，其次是教师，再次是学生家长及其他市民。对于学校教师来讲，要依据学生为主的教育教学思想，从学生认知的角度出发制作微课，而不是从教师的角度去思考和制作微课。

（七）成果简化、多样传播

由于微课的研究内容具体、主题突出，所以研究内容容易表达，成果容易转化；由于课程的总容量较小、用时简短，所以利于通过手机、网络等渠道传播。

三、微课的类型

如图5-4所示，根据微课的功能和开展方式，我们可以将微课分为以下六种类型。

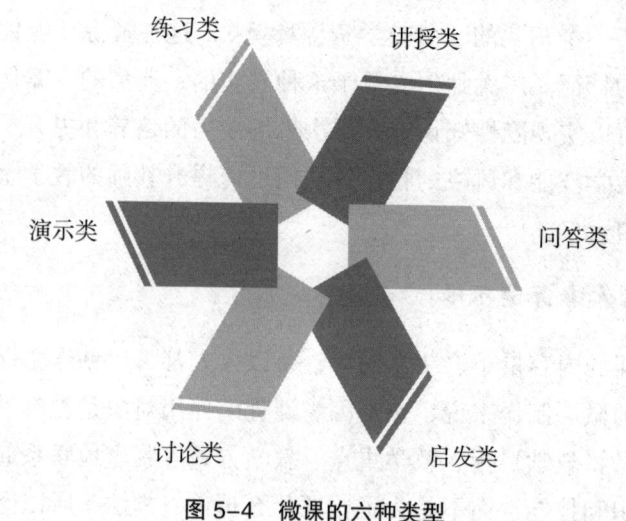

图 5-4　微课的六种类型

（一）讲授类

在微课教学平台和微课教学比赛中，讲授类的微课是比较常见的类型。讲授类的微课就是教师使用生活化、口语化的方法向学生传授知识与技能。就英语这一学科专业来说，教师既可以讲授英语单词、短语的含义和用法，又可以给学生介绍文章作者或重要的写作背景知识、文化知识。

（二）问答类

问答类的微课就是教师根据教学设计向学生提出问题的课程类型，也有一些是教师自问自答类型。当教师提问完之后，学生针对教师提出的问题进行短暂的思考，在这期间学生需要暂停观看教学视频，学生可以在得出答案后继续观看视频。问答类的微课可以用于课前导入和课后练习，教师可以通过问答引导学生开展自主学习或巩固学生的知识掌握情况。

（三）启发类

启发类的微课要求教师根据学生的学习风格和学习水平，结合当前的教学目标、教学任务、教学内容等因素创造适合学生学习的环境，调动学生学习的积极性与主动性，进而能够让学生开动大脑、发散思维，独自完成学习活动。

（四）讨论类

讨论类的微课是在线教学活动中一种十分重要的课程类型。讨论类的微课主要是指教师提出某一观点或主题，然后让学生发表自己的看法，这样有助于发展学生的思维能力和讨论能力，开拓学生的学习思路。

（五）演示类

演示类的微课将教学过程中需要展示的物品用事物或模型的方式清晰地展现给学生，或者给学生做示范性实验，让学生通过观察逐渐获取感性认知。在这一过程中，学生可以逐步验证和接受教师所讲授的知识。

（六）练习类

练习类的微课主要是为了检测和巩固课堂教学的成果或者学生自主学习的情况，因为学生只有经常复习、反复练习才能保证自己完全掌握某项知识或技能。

四、开展微课的意义

在互联网信息技术高速发展的当今时代，微课作为提升高等教育信息化水平的重要形式，在世界众多国家和地区都得以推广和普及，微课的制作与实施还为现代化高等教学模式的深化改革提供了可以参考的方法。各大高校作为培养现代化、国际化人才的基地，更应紧跟时代发展的潮流，引领教育的创新与改革。因此在高校开展英语微课教学具有重要的现实意义。

（一）顺应时代发展的需求

现代信息技术的发展和应用，已经在不知不觉中改变了人们的学习观念、学习模式、阅读方式；互联网技术和移动终端技术的推广和普及，使人们能高效、便捷地获取各种类型的知识，同时也使知识内容呈现出网络知识特有的泛化和碎片化特点。

当今时代是一个信息化时代，更是一个网络时代，由于网络的出现，使微博、微信、抖音、快手等新型软件相继出现，并对人们的生活方式和沟通方式产生了重大影响。也正因为这些新型软件的出现，促使通过移动终端开展教学工作这一行为成为现代化教学模式发展的必然趋势。因为在现阶段的学习和生活中，手机、平板电脑等移动设备总能轻易地吸引大多数学生的兴趣和注意力，学生对于网络上热门话题、人物、事件的关注度也明显高于课本知识，这也是信息化时代学生的总体特征。

事实证明，信息时代的学生更容易接受操作便捷、形式多样的数字化教学模式，也十分愿意在新型教育模式下接受知识性与趣味性为一体的学科教育。因此如果高校的教育教学工作者仍然坚持传统的教学模式不愿作出改变，势必会引发教与学之间难以调和的矛盾。总而言之，微课是网络时代的产物，具有内容短小精悍、学习时机灵活的优势，在学习、阅读、讲解方式上符合新时代学生的学习要求。

（二）推动了教学改革的发展

信息化教学模式能够推动教学体制的深层次变革，对于高校英语教学工作的开展也是如此。传统的以教师的个人讲授为主的教学模式具有课程内容和讲授方式枯燥无味、教师和学生交流互动少、教师不能及时获取学生的学习状态等问题以及因此导致的学生对课程内容不感兴趣、学习效率低等不良后果。这些问题都充分说明了传统的一言堂教学模式已经无法满足学生个性化、多样化、碎片化等学习需求；相反，一些通过公众号、微视频等新媒介形式讲授英语语言文化知识和技能的教学与传播手段在学生群体中受到了认可和欢迎。

微课的应用不仅能推动高校英语教学模式的变革，还能推动教学资源和课程内容的转变。因为在互联网信息时代，高校英语教学不仅需要对教师的教学模式和授课方式进行创新，还要强调课程内容、课程结构以及评教形式等内容上的变革。微课的开展就是基于互联网信息技术高效便捷的优势特征，通过搜集和整合优秀教学资源对专业学科知识进行细化的综合，以达到丰富课程内容、改进学习方法的目的。综上所述，在互联网信息时代高校英语教学工作的建设过程中引进和开发微课教学模式，能够实现教学模式多样化的需求，整合教学资源，促进课程内容的变革。

五、微课的设计与实施

（一）微课的设计

1. 设计原则

（1）开发高质量的学习资源。首先，高校英语教学微课的设计应遵循开发高质量学习资源的原则。因为微课的设计首先是为了提高学生的学习兴趣，增强学生学习的自信心，培养学生的自主学习能力，因此微课的资源设计应该注意开发高质量的、能促进学生成长的学习资源。高质量学习资源开发的理论依据源自自我效能感理论。自我效能感是个体对自己是否有能力完成某一行为所进行的推测和判断，自我效能感强的学生会对学习产生强烈的愿望，因为他们有信心自己能学会想要掌握的知识，微课的内容设计就是要增强学生的自我效能感，使学生对自己的学习能力有信心。

因此，高校英语微课的资源设计应该更注重质量的高低，而不是容量的多少；所选学习资源既不要过于简单，也不要难度太大。如果资源内容过于简单，学生就会觉得没有挑战性，因而也不会有学习的兴趣；如果资源内容过于困难，学生理解起来都很吃力，就容易产生挫败感，因而也不利于培养其自信心。具体分析，高校英语教学工作者应针对学生的学习需求和认知水平开发和设计科学、适量的资源，聚焦热点话题，突出课程主题，强调语言应用能力的培养。

（2）控制时间、分解内容。其次，高校英语教学微课的设计应遵循控制好教学时间、适当分解教学内容的原则。也就是说，在微课教学时间的设计上，高校英语教学工作者在保证教学效果的前提下应尽量缩短微课教学的时间，最好控制在15分钟以内。在设计教学内容时，应尽可能地分解大块的知识点，将完整的知识体系划分为一个一个小的知识点。因为学生对学习失去兴趣的原因往往是学习过程中的整体学习任务过于复杂庞大，从而让学生望而生畏、失去信心。因此，将较大较难的学习目标分解成逐个的、具体的、易于完成的简单目标，有利于引导学生在一次次的成功后增强学习的自信心和积极性，从而保持持久的学习热情。

（3）体现多元格式特征。最后，高校英语教学微课的设计应遵循体现多远格式特征的原则。也就是说，高校英语微课的设计要支持不同的学习形式，不仅可以以课件的形式应用于课堂教学，还可以通过网络学习平台，满足学习者进行移动学习的需求。不仅适合在学习者个人计算机上进行学习，还能使学习者使用手机、平板电脑等移动设备随时随地开展学习。

2.设计注意事项

高校英语教学微课的设计不仅要遵循以上原则，还要注意以下三个方面的内容。

（1）高校英语教学微课的设计要支持学习内容的传递。微课主要用于帮助学生自学，因此英语微课内容的设计要特别注意内容阐述的逻辑性、科学性和完整性。与此同时，还要注意符合学习者的认知水平和语言认知规律，注意其实际操作功能的设置，以保证学习者在没有教师指导的情况下也能自主学习。

（2）微课的设计要有完整的教学环节和学习流程。当微课设计的教学内容从单一的专业知识设计扩展到与专业知识相关的其他领域的内容时，不仅要设计好全套的教学环节，还要结合学生学习过程的设计，按照学习习惯和学习逻辑，合理安排活动步骤，实现教师教学与学生自学的有效衔接。以肢体语言微课的设计为例，教师不仅要讲授有关肢体语言的基本理论知识，还要设计由易到难、由浅入深、环环相扣的问题引发学生的思考。例如：什么是肢体语言？肢体语言共有哪些类型？不同民族相同肢体语言表达的意思一

样吗？不同的肢体语言能表达相同的含义吗？通过这样的方式，引导学生逐步掌握肢体语言的相关概念、文化特征，并结合微课中列举的实例主动研究肢体语言在跨文化交际活动中的应用。

（3）微课的设计要考虑如何实现学习者与微课的双向互动。微课要向学习者提供便于参与课程讨论、开展自主学习、提供实时反馈等方面的项目选择。英语教学微课的设计也不例外，课程开发者要设计与课程内容相对应的练习活动。例如授课内容为信函写作的微课可以设计以下活动：让学生开展在线讨论，针对授课内容提出问题并及时回复学生的问题；鼓励学生展示自己的写作成果并向大家作思路介绍；还可以适当添加练习测试让学生练习写作技巧；甚至还可以抛出一个话题组织学生进行辩论。

（二）微课的具体实施

1. 辅助课堂教学

高校英语教学微课可以用于辅助英语教师开展课堂教学。具体的方法是：英语教师在进行课程设计的过程中，将传统课堂教学中无法直接呈现的内容进行系统性的整合，然后制作成一个个便于学生观看、理解的微课视频资料加以讲解，以保证学生的听、说、读、写、译方面的综合语言应用能力得到提升。微课视频资料容量小，便于复制、传播，因而促进了优质教育资源的均衡分布。在开展英语教学的过程中，英语教师要根据自己对相关知识内容的理解对视频内容进行编辑、调整，目的是不断更新和完善微课的内容，保证教学内容与时俱进、具有实用性和创新性。毋庸置疑，在这个过程中，英语教师的学科专业能力和教学能力都得到了提高。

2. 辅助预习与复习

为了体现课程教学内容的启发性和总结性特征，微课教学也可以应用于英语教学的预习和复习阶段。由于高校英语学习的课时安排相对有限，学生的学习任务重、时间紧，因此需要根据学生没有课前预习和课后复习习惯的情况开发有针对性的辅助型微课。在课堂教学活动开始之前，教师通过微课方式把与教学内容相关的预习资料发送到学生手中，保证学生对要学习的知识有全面的认识。在课堂教学活动结束之后，教师针对在课堂上学生难以理解的问题或感兴趣的问题以微课的形式进行保存和发送，保持学生学习的热度，提高学生的预习和复习效率。

第三节 混合学习教学模式

一、混合学习的概念

混合学习模式是当代教育学界所关注的一种热门学习模式，但不同的人对"混合"二字的理解不同。有些学者认为混合学习就是多种学习理论和教学理论指导下的学习模式，例如由认知主义、建构主义、行为主义理论指导设计出的学习模式；有些学者认为混合学习综合了"以教为中心"和"以学为中心"两种教学模式；有些学者认为混合学习应同时包含面授学习模式和在线学习模式，这种看法与将混合学习定义为多种数字媒体结合学习模式的观点类似；还有些学者认为混合学习是面授学习、自主学习与合作学习模式的融合。

外国学者辛格（Harvi Singht）和瑞德（Chris Reed）对混合学习的定义是：

混合学习注重选择合适的教育技术来匹配学习者的学习风格，以便在合适的时间将合适的知识技能传递给合适的人。

中国学者何克抗认为，所谓混合学习就是：

在引导学习者开展学习活动的过程中，结合传统学习方式和网络学习方式的优势帮助学习者掌握相关知识和技能；既要发挥教师在学习过程中的主导作用，又要体现学生作为学习主体的主动性与创造性；只有将二者的力量结合，才能获得最好的学习效果。

结合当今时代互联网教育迅速发展的教育教学背景，本书将混合学习定义为：

在学校教育、教育机构培训或社会教育培训项目中，依据教育培训的目标、学习者的学习需求、教学资源的类型和教学活动的设计，结合传统学习方式、数字化学习方式和在线学习方式形成的综合学习方式。就目前的实际

第五章 英语教学与信息技术融合应用下教学模式的创新发展

应用情况来看，混合学习模式大多是将面授学习和在线学习两种模式结合在一起帮助学习者学习的模式，目的是使学习变得更轻松、更有效，是为了使学习者获得更好的学习效果。另一方面在单一的在线学习模式中加入面授学习的环节，弥补了在线学习不利于监督管理等方面的缺陷。融合了在线学习和面授学习两种模式的混合学习模式，一经出现就立刻引起了学习理论、教育理论、教学实践领域的广泛关注。

二、混合学习的优势

混合学习的具体形式不是固定的，教学活动的实施者需要根据学习对象的学习特点、学习需求和外在的教学条件混合学习模式，不仅有利于发挥各种学习模式的综合优势，也为参照多种模式进行教学设计、开展教学活动的教师提供了创新的机会。具体分析，混合学习的优势体现在以下五个方面。

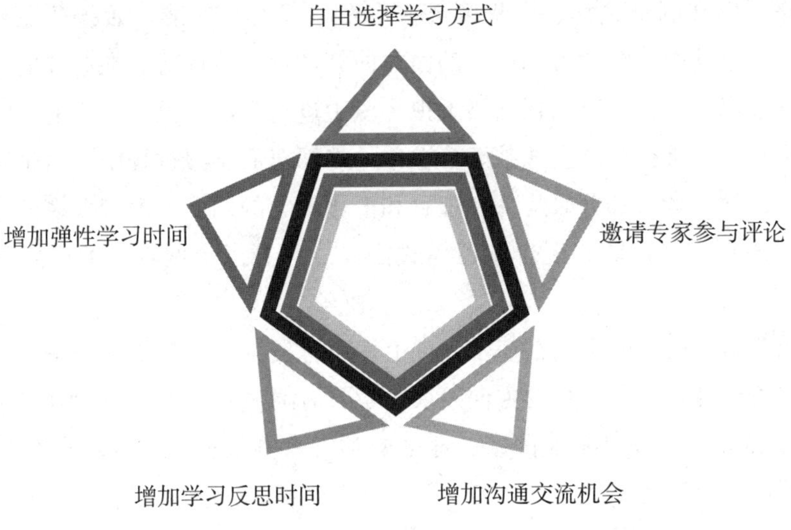

自由选择学习方式

增加弹性学习时间　　　　邀请专家参与评论

增加学习反思时间　　增加沟通交流机会

图 5-5　混合学习的优势

（一）自由选择学习方式

混合学习模式下，学习者可以自由选择、组合学习方式进行学习。例如学习者可以选择先接受面授知识教学，然后利用在线学习系统进行练习、复习和测试；也可以选择先观看教学视频自学，然后将所学知识放在课堂学习中与他人进行讨论或请教专业课教师。混合学习的最大优势就是学习者可以根据自己的学习需要和学习规划选择适合自己的学习方式，甚至在没有教师的情况下反复观摩在线教学视频，根据需要暂停、重播、放大视频。

（二）邀请专家参与评论

混合式学习课程的另一重要优势就是借助互联网信息技术获取优质的外部教学资源，甚至邀请相关领域的专家参与专业知识的讲解答疑。这些专业领域的专家，他们在自身研究领域的知识水平要高于任课教师，因而能给学生带来更多专业方面的启发。

（三）增加沟通交流机会

在混合式学习模式中，学习者将会有更多的机会和教师、同学们进行沟通、交流。因为学习者不仅可以在线下的课堂教学中与同学们面对面进行交流，还可以在网络论坛、课程聊天室中发帖留言，就某一话题开展在线讨论，这比单纯的在线学习和单一的面对面教学都更有优势。在单纯的在线学习中，学习者因为长时间在网络虚拟环境中进行学习，没有真实的人物陪伴和情感互动，难免会产生孤独感；在单一的面对面学习过程中，由于课堂时间有限，学习者大部分时间都在理解和消化新学的知识，没有太多的时间沟通学习的感受和体验；混合学习模式恰好能弥补以上两种学习模式的不足之处。

混合学习模式的发展在一定程度上使教育资源的分配更加公平，使高等教育向着全球化、国际化的方向发展，学习者通过互联网可以找到各种类型的学习资源，与来自其他国家、地区的学习者开展交流，互相分享学习经验、开展交流互动。

（四）增加学习反思时间

混合学习模式下学习者能够参加更多的学习活动，接触到更多学习、讨论的机会，从而逐渐树立起反思所学内容的意识。混合学习模式将所有的学习机会都交给了学习者，除了可以在课堂上进行学习和讨论外，学习者还可以在线上利用互联网查询资料，反思自己的学习方式和学习手段；还可以与其他学习者共同反思、协作学习。

(五) 增加弹性学习时间

混合学习模式还特别适合没有时间在校接受全日制教育的学习者，这部分学习者可以安排、利用自己的空闲时间进行学习，学习者只要利用网络和手机、平板电脑等移动终端设备就可以在家学习，这无疑增加了他们的弹性学习时间，增加了他们学习的机会。

三、混合学习教学模式的构建

互联网信息技术和多媒体技术在高校英语教学中的广泛应用促进了以教师为主导、学生为主体的混合学习教学模式的搭建。混合学习教学模式下的高校英语教学对教师的教学能力、教学技术等各方面也提出了新的要求。英语教师不仅要灵活运用以教为主的教学策略和以学为主的学习方式，同时还要搜集、整理各种可以用于混合学习模式的教学资源，设计混合式教学方法。本书从高校英语教学的实际情况出发，综合考虑英语教学中的语言知识、语言技能、情感态度、文化意识、学习策略五个方面的内容要求，构建了适用于高校英语教学的混合式教学模式，该模式依托网络交互式教学平台开展，由课前、课中、课后三个教学阶段构成。

课前阶段，也称学习者的预习阶段，由观看微课视频和参与线上交流讨论两部分组成；课中阶段，也称学习者的正式学习阶段，由上机自主学习和课堂面授教学两个部分组成，其中自主学习模块又包括语音识别、人机互动、仿真场景、学习评价、交流平台五个组成部分，面授教学模块则由小组活动、成果汇报、课程总结和评价反馈四个部分组成；课后阶段是学生巩固和复习所学内容阶段，包括完成作业、素质拓展和交流讨论三个部分。

根据以上介绍我们可以看到基于网络交互式教学平台构建的混合学习教学模式中，教师的角色发生了转变，他们不再只是传统意义上的讲述者、灌输者，而是学生学习过程中的帮助者和支持者，教师在课前和课后的准备及评价工作中需要付出的努力会更多，而学生在整个学习过程中的主体地位得到了保障，这与传统教学模式注重教师讲解、忽视学生学习状态的做法差别很大。

四、混合学习课程的设计与实施

在高校英语教学活动中,混合学习课程的设计与实施可以分为三个阶段,即课前阶段、课中阶段和课后阶段。

(一)课前设计与实施

首先,混合学习课程的课前设计与实施需要英语教师利用微课设计软件为自己的课程设计一个在线课程,然后根据英语教学大纲和教学目标的要求归纳教学知识点并创建相应的教学知识页面,随后将各种自主创设的教学内容上传至教学资源库中,最后在各章节的页面中编辑好需要学生自主预习的内容。

与此同时,英语教师还需要制定课程的学习计划,包括学生自主学习和参与面授教学活动的计划,在课程论坛或者聊天群中发布学生开展课前讨论的问题,通过设计在线考试检查学生的预习情况以及知识掌握情况,然后据此为全班学生创建分组并设置小组任务。在完成以上工作之后,教师就可以利用网络交互式教学平台的消息功能向学生发布课程预习通知,引导他们在课前浏览自主学习的内容,查阅相关资料,为下一堂课的参与做好准备。正所谓"预则立,不预则废",学生课前是否做好预习,对最终的学习效果有很直接的影响。传统课堂教学模式下,教师虽然可以要求学生进行预习,但无法干预学生的预习行为,也无法保证其预习效果;但在混合学习课程中,教师不仅可以通过平台的学习记录进行检查和跟踪,还可以通过多种网络手段加以提醒和监督。

(二)课中设计与实施

在课程实施的过程中,教师可以按照平台记录的信息了解学生的掌握情况,并按照自己的教学习惯和教学方法组织和开展课堂教学。例如在组织小组活动时,可以利用网络交互式教学平台对学生进行创建分组,以便学生开展合作学习、成果汇报等课堂活动,培养学生的合作精神和团结协作的能力,同时也有利于提高教师的教学管理效率,因为教师可以指派不同的组长负责本小组的各项活动。又例如在人机互动和仿真场景的自主学习过程中,教师可以设计一些贴近学生生活或学生感兴趣的话题、场景帮助学生练习英语口语，提高学生的英语应用能力和跨文化交际能力。

（三）课后设计与实施

课后的课程学习分为机房自主课后学习以及课堂面授课后练习两部分，因此英语教师要针对这两部分的内容展开设计，这两部分的设计主要依赖于现有的互联网信息技术和学校构建的在线学习系统。

例如，有些高校的在线学习系统设有系统自带的题库资源，教师可利用这部分资源为学生布置课后作业，学生可以选择在学校机房、自己的笔记本电脑或手机上完成教师布置的题库作业，同时根据自己的个人情况，有针对性地挑选自己感兴趣或没有掌握好的模块进行练习。很多高校由于条件有限，还无法在整个校园内覆盖无线网络，因此高校在线学习系统为学生提供了离线学习的方式，一旦将需要学习的内容下载到手机或其他移动终端设备上，无论有没有网络学生都可以进行学习，等到网络连接上以后刷新一下，学习时长就会自动记录在学生的学习档案中。

又比如，教师可以利用网络交互式教学平台布置学习任务或相关作业，作业形式除了系统自带的题库之外，还可以包括教师自主设计的写作和口语作业等，学生完成作业后从系统上交由教师批改。例如有一种学生上机进行分角色口语练习的作业形式，这种作业形式要求学生在固定时间段提交以两人为单位进行视频及音频对话的作业。教师在开展日常教学活动的过程中可以通过该系统随时查看学生完成作业的进度，可以看到学生学习的时长、班级平均学习时长、完成相关学习任务的人数、未完成学习任务的人数以及表现好的学生的详细情况等。

因为不同学生学习英语的基础水平不同，因此英语教师可以专门为此类学生设置相关学习要求，要求其达到单独设置的分数线。此外，有实验需求的教师还可以利用微信、QQ、百度贴吧、微博等普及性较强的手机软件及时获取学生的反馈信息并与学生开展实时交流。课程内容设计取材于真实的情景式对话，教师要引导学生观察生活中遇到的同样的话题，用中文和英文表达存在的差异，启发学生的思考，鼓励学生与其他同学通过社交平台等渠道进行分享，从而进一步了解英语语言文化与汉语语言文化的异同。

此外，不只是学校的多媒体硬件设施和在线学习系统可以帮助学生在课后进行学习。社会上还有很多专业人士开发了很多有趣的英语学习APP，例如"英语趣配音"是一款通过配音模仿锻炼学习者英语口语的APP。这一软件的运营方式是：软件中收集了很多英语原味的视频资源，用户首先可以看到很多地道的英语表达和精彩的故事情节；但该软件不只是将这些视频资料整合在一起，而是利用视频剪辑软件将原视频内容切割成了一句一句的英语；因此用户就可以根据个人学习需求和强项逐字逐句地进行模仿练习；最后该软件可以将用户配音和原有视频片段进行技术合成，进而形成一个完整的配音片段；学习者可以将自己配音的影视剧片段发布到自己的微博、朋友圈等软件上，如果配音配得好，还会收获大批的粉丝。

第四节　大数据视域下英语教学模式的创新分析

一、大数据概念的由来与含义

（一）大数据概念的由来

早在二十世纪八十年代，著名的未来学家阿尔文·托夫勒（Alvin Toffler）就在其著作《第三次浪潮》中提出了"Big Data"（大数据）的概念，但是这个概念在当时并没有引起大量的关注。直到2011年，麦肯锡全球研究院（McKinsey Global Institute）公开发布《大数据：下一个创新、竞争和生产力的前沿》研究报告，报告中提出"大数据时代已经到来"，大数据的概念才引起广泛关注。此后，高德纳咨询公司（Gartner）技术炒作曲线的推出、维克托·迈尔－舍恩伯格（Viktor Mayer-Schönberger）和肯尼思·库克耶（Kenneth Cukier）合著的《大数据时代：生活、工作与思维的大变革》的推广，使大数据的概念说法在全球范围内流行起来。

（二）大数据概念的含义

当今时代，随着现代信息技术的发展和互联网的普及应用，人们在生活、工作和学习过程中对网络的依赖程度越来越大，网民的数量越来越多，网上的信息资源也越来越多，基于以上背景，我们可以将大数据概念理解为大量的信息资料，可以将大数据时代理解为互联网时代发展过程中必经的一个阶段。大数据从字面含义上来讲是指大量丰富的数据，但数据的规模并不是大数据存在的意义，大数据存在的真正意义是应用，是运用这些数据服务于人们的生活，是要想办法把这些信息发掘出来，发挥其真正的作用。

二、大数据视域下进行英语教学模式创新的意义

随着互联网的逐渐普及和应用，当前各个行业领域都在使用大数据来服务于人们的生产和生活。高等院校是教师开展教学活动的重要场所，同时也是科研活动聚集的地方，很多专业学科的教授、科研人员都在夜以继日、不辞辛苦地进行科学研究，因此在不同的专业领域随时都可能出现新的数据信息。高等院校作为开展教育教学活动的场所，其本身就蕴含了丰富的数据信息，加强对高校数据信息的挖掘和应用，能够有效完善教学环境、提高教学水平。在大数据环境下开展英语教学，进行教学模式的创新也是如此。各类教学数据的搜集、整理、分析和运用可以帮助英语教学模式向着科学化、专业化的方向发展；除此之外，由于大数据是以互联网为基础的，而借助互联网能够实现信息的采集与传播，进而使教师更加了解学生的学习情况和现有的教学资源、改进教学方法策略，因此大数据在这一层面上也能帮助教师创新教学模式，促进学生的英语学习。

三、大数据视域下进行英语教学模式创新的方法

如图所示，在大数据视域下进行英语教学模式创新的方法主要包括以下五种。

图 5-6　大数据视域下进行英语教学模式创新的方法

（一）优化英语教学观念

在大数据视域下进行英语教学模式的创新，必须重视英语教学观念对创新教学模式、提升教学水平的重要影响作用。大数据时代，各大高校应该将提升英语教学质量、培养英语专业人才以满足社会发展建设的需要作为教学活动开展的首要目标。而优化英语教学观念则是确保这一目标顺利实现的关键。事实是，当前很多高校英语教育工作人员对英语教学的理解还比较保守，对信息技术的应用还不够熟练，对实现信息化、数字化教学的概念还不太了解。这也是导致当前英语教学无法适应现代化社会发展需求的重要影响因素。为了应对这一现实挑战，各大高校必须紧跟大数据时代发展的脚步，优化传统的英语教学观念，重新调整和设计英语教学体系，实现高校英语教学活动开展的信息化和数字化，促进高校英语教学质量的提升和教学效率的提高。

（二）分析英语学习需求

大数据技术具有收集、分析数据的功能，利用大数据这一功能能得出比较准确的数据分析结果，因而数据指导实践应用的参考价值也比较高。所以高校英语教学工作者需要充分发挥大数据这一功能的作用，收集和整理高校学生学习英语的实际需求，然后根据最终的数据分析结果制定科学的英语教学目标和教学计划，激发高校学生学习英语的兴趣，满足高校学生学习英语的实际需求。比如，高校可以使用大数据统计高校学生在百度、谷歌等搜索引擎上搜索频率较高的词条内容，并以此来了解学生学习的兴趣和需求，寻找学生学习英语知识的兴趣点，然后再根据这些兴趣点选择教学内容，设计教学活动。除此之外，高校还可以使用网络调查问卷的方式搜集学生对英语教学的建议和想法，然后结合教学目标选择其中可行的建议进行英语教学的改革和创新，达到提高学生英语水平和英语综合应用能力的目的。

（三）改进英语教学方法

大数据时代背景为信息技术在学科教学中的应用奠定了良好的基础、提供了良好的条件。对于英语教学模式的改革与创新来说，大数据视域下教师选择的教学手段和教学方法是衡量教师教学能力高低的重要标准，也是影响教学效率高低的重要因素。因此高校英语教师必须积极学习现代化教学设备的功能应用以及操作方法，并结合教学内容和学生的学习特点，改进传统的教学方法，只有这样才能促进教学水平和教学效率的全面提升。教学实践证明，借助多媒体、计算机设备开展教学活动的教学方法比传统的讲授法、提问法、练习法更受学生的欢迎，学生参与教学活动的积极性和主动性也会更高。因此，教师必须着眼于大数据技术迅速发展的当下，认真学习和钻研互联网技术在教学中的应用，将学生的兴趣爱好、学习需求和英语教学紧密地联系在一起，引导学生采用更科学、更现代化的方式学习英语、运用英语，全面提升英语学习的效率和质量。

（四）充分利用学习资源

信息爆炸和数据泛滥是大数据时代的显著特征，如何在海量的数据信息中选择适合自己的学习资源是影响学生开展下一步学习活动的关键因素。因此高校英语教师在开展教学活动的过程中，除了要培养学生使用现代信息技术就自身的需求搜索学习资源的能力，还要引导学生挖掘隐形的资源信息，并加以筛选，只有这样才能确保学生能够顺利地找出符合自己要求的学习资源。比如，很多高校的线上图书馆隐藏着大量的数据信息，这些数据信息包括专业学科资料、研究资料、文学历史资料等，对学生开展学习活动有很大的帮助。为了充分发挥这些数据信息的帮助作用，高校教育教学工作者必须采取积极有效的措施引导学生接触这部分数据信息，鼓励学生使用这部分数据信息，这样才能不断提升图书馆资源的利用效率和学生的学习效率。

除此之外，高校教育教学工作者应该紧跟大数据时代发展的步伐，积极使用多媒体教学设备激发学生学习英语的兴趣，通过多媒体设备播放优秀的英语影视剧作品为学生提供了解英语国家知识文化的渠道，营造良好的学习氛围。由于信息共享是大数据时代的主要特点，因此高校教育教学工作者在开展英语教学活动时，应该将学生视为大数据时代的信息载体，通过在教师和学生之间建立信息共享平台的方式激发学生学习英语的主动性，为学生学习英语提供便利。例如，英语教师可以将一些有学习价值的资料放在共享平台上，学生可以自由下载资料进行学习；如果学生发现了一些好的学习网站，也可以在平台上分享链接给自己的同学。通过这种方式，不仅能够培养学生自主学习的能力，还能培养学生的合作学习精神。

（五）建设智能化教学平台

大数据技术的发展为英语教学的科学化、信息化、数字化、现代化发展提供了条件，奠定了基础。各大高校必须充分认识大数据技术对未来教育教学活动开展的重要程度，必须借助大数据时代的优势和机遇，构建符合本校专业发展需求的智能化英语教学平台。例如现阶段在各大高校流行的慕课、微课等新兴的网络授课方式，都是在大数据的推动下兴起并被广泛应用的。随着智能化英语教学平台的建立，学生的学习兴趣被很好地激发了，英语教学的效率和学生学习的效率也有所提升。因此，在大数据视域下建设智能化教学平台是改革和创新英语教学模式的有效方法途径，只有坚持根据时代发展的特点创新英语教学模式，才能在满足高校英语教学需求的基础上，为高校学生的成长与发展奠定坚实的基础。

总而言之，当今时代是大数据迅速发展的时代，大数据技术的推广和应用已经成为时代发展的必然趋势。作为高校，必须紧跟时代发展的步伐，充分利用大数据技术辅助开展教学活动。对于高校英语教学而言，更要积极组织人员学习各种新的信息技术，利用信息技术和大数据知识开发自身潜力，

第五章 英语教学与信息技术融合应用下教学模式的创新发展

挖掘教学过程中需要用到的各种数据信息，进而借助新媒体平台传递信息、促进教学，从而不断提升英语的教学水平和教学效率，实现高校英语教学的现代化、数字化发展。

第六章　英语教学与信息技术融合应用下学习模式的创新发展

第一节　英语自主学习模式

一、自主学习模式的定义

对于自主学习的定义，不同的学者提出了不同的看法，在此简要列举一些具有代表性的定义。

以维果茨基（Vygotsky）为代表的维列鲁学派认为，自主学习本质上是一种言语的自我指导过程，是个体利用内部言语主动调节自己学习的过程。

以斯金纳为代表的操作主义学派认为，自主学习本质上是一种操作性行为，它是基于外部奖赏或惩罚而作出的一种应答性反应。

而以弗拉维尔（Flavell）为代表的认知建构主义学派则认为，自主学习实际上是元认知监控的学习，是学生根据自己的学习能力、学习任务的要求，积极主动地调整学习策略和努力程度的过程。

二十世纪九十年代以后，查莫特（Chamot）认为，自主学习强调元认知、动机和行为等方面的自我调节策略的运用；强调自主学习是一种自我定向的反馈循环过程，认为自主学习者能够监控自己的学习方法或策略的效果，并根据这些反馈反复调整自己的学习活动；强调自主学习者知道何时、

如何使用某种特定的学习策略，或者作出合适的反应。

中国学者董奇认为，自主学习与他控相对，是学生为保证学习的成功、提高学习的效率、达到学习目标，而在进行学习活动的全过程中，将自己正在进行的学习活动作为意识的对象，不断地进行积极、自觉的计划、检查、评价、反馈、控制和调节过程。

余文森认为，自主学习就是自己主宰自己的学习，其实质是独立学习。自主与"他主"相对立，它们的根本分水岭是学生的主体性在教学中是否确立；自主学习具有能动性、超前性、独立性、异步性等特征。

综合考虑以上学者对自主学习的定义，本书认为自主学习应包含以下含义：

进行自主学习的学生首先具有内在的学习动机，并且能够明白自己的学习目标；能理解教学的目的和方法；能选择适合自己的学习策略并监督自己的学习过程；能管理自己的学习时间和学习进程；能营造出适合自主学习的氛围和环境；能预知学习结果并评价自己的学习过程、学习成果。自主学习的宗旨是培养学生树立自主学习的意识，引导学生掌握学习的方法，让学生从在教师的指导下开展学习到不需要教师的指导也能自主学习。

二、自主学习模式的心理机制

根据系统论的观点，我们可以从两个角度来认识和理解自主学习的概念，我们既可以把自主学习理解成一种活动，也可以将其当作一种个人能力。具体分析，自主学习作为一种活动是动态的、不断变化的，由其先后执行的程序和子过程或者说是活动机制构成；自主学习作为个体的一种能力来讲本身是一个比较稳定的系统，该系统有相对稳定的内部结构和构成成分，且作为一种能力来说，它的培养和形成需要经历较长的时间。理解自主学习的内在活动机制，可以为教师设计、指导具体的自主学习活动提供依据。本书选择了以下三种具有代表性的自主学习模型来阐述自主学习的内部构成和活动机制。

（一）班杜拉的自我调节理论

班杜拉（A. Bandura）是著名的心理学家，他也是对个体的自我调节行为展开系统研究的第一位心理学家,二十世纪九十年代中后期,班杜拉提出了个体自我调节行为的三个过程,即自我观察、自我判断和自我反应。班杜拉的理论研究得到了许多人的关注和认可,目前有很多从事自我学习研究的学者在班杜拉自我调节理论的基础上展开了对自主学习机制的深入探讨。

(二)麦考姆斯自主学习模型理论

麦考姆斯(B. L. MeCombs)曾在二十世纪八十年代末期提出过一个自主学习模型,该模型阐释了自我系统与自主学习的关系。麦考姆斯认为,自主学习能力是自我系统发展的结果。自我系统的构成成分和过程成分在自主学习过程中发挥了巨大作用。自我系统不仅能激发学习者的学习动机,而且影响着自主学习中信息的加工和组织。因此,外界想要提升学生的自主学习能力,一方面要引导学生认识到自身所具有的能力,另一方面要训练具体的自我过程。

(三)查莫特的自主学习过程理论

查莫特(Chamot)是自主学习社会认知学派的代表人物之一,他通过学习和研究吸收了班杜拉的自我调节理论并以此为基础提出了自己的自主学习模型,并在后期补充了该模型的一些设计。他认为自主学习与其他学习的共同之处是它们的产生与发展都要受到自我、行为和环境三方面因素之间的相互作用;自主学习与其他学习类型的不同之处在于自主学习除了要基于外部的反馈对学习的外在表现和学习环境作出监控和调节外,还要充分发挥个体的主体性控制和调节自主学习的过程。

查莫特将自主学习的过程分为三个阶段:计划阶段、行为表现阶段和反思阶段。其中每个阶段又有自己独特的内部结构和过程。但自主学习最重要的是学习者要有主动学习的心态。通常情况下,一个个体要实现自主学习需要具备两个基本条件:一是树立自主学习、想要自我进步的意识,即学习者"想学";二是学习者知道并理解学习的方法和策略,也就是"会学"。

三、自主学习模式的特点

学习者的自主学习与被动学习相比具有以下三个方面的突出特点。

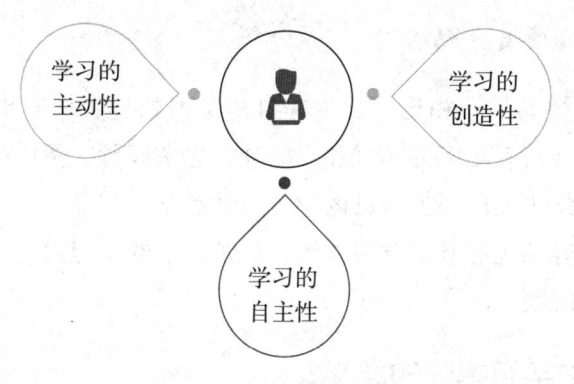

第六章　英语教学与信息技术融合应用下学习模式的创新发展

图 6-1　自主学习的特点

（一）学习的主动性

个体的主动性表现为个体在不受外界因素影响的情况下自愿参加或从事某项工作或学习。个体的主动性还是人的主体性的显著标志，具体分析，主动性又可分为个体行为的目的性、选择性和自我调节性特点。

对于学生而言，个体的主动性体现在自主学习方面。自主学习是激发和维持学生学习主动性的重要方法和途径，自主学习强调通过培养学生强烈的学习动机和浓厚兴趣来促进学生主动参与学习、开展学习活动。除此之外，还强调学生能够有清晰的自我认知，能够根据自身的实际情况选择合适的学习内容、采取合理的学习方法，并在学习遇到困难时进行适时的自我调节。这种主动性是开展教学活动、引导学生掌握学习方法的理想目标，也是学生实现自主学习的必要保障。

（二）学习的创造性

创造性是学生主体性的另一种体现，也是自主学习的本质特征。之所以说创造性是自主学习的本质特征，是因为自主学习是学生在自己已有的知识经验的基础上进行的理解和学习，是赋予所学知识以个人定义和意义的过程，是一种创造性的学习。自主学习强调，学习的过程是对新信息进行意义建构的过程，也是对原有经验进行改造的过程，因为新知识的输入可能会改变原有的知识结构或认知定义，学习者只有不断刷新自己的认知系统，才能不断充实自己，才能掌握更多的知识，并尝试把知识变为可以利用的资源。

（三）学习的自主性

与传统的被动学习相比，学生在自主学习的过程中有更多进行独立学习、探究的机会；有更多的实践和空间独立思考问题、提出问题、探究问题和解决问题；学生还能根据自己的学习习惯和学习需求、学习环境选择适合自己的学习内容和更有效的学习方法，把控自己的学习过程，更具创造性地解决学习中的问题。

四、自主学习模式的意义

如图所示，在互联网时代利用互联网信息技术和多媒体技术进行自主学习的意义可分为以下三个方面：

图6-2 互联网时代进行自主学习的意义

（一）化被动学习为主动学习

与传统的被动学习模式"要我学"相比，主动学习模式在学习活动中更多体现出"我要学"的意识。"要我学"没有从学生的个体需求出发，而是源自外界的要求和压力；"我要求"则带有学习者强烈的个人意识和学习需求。

学生对学习的内在需求一方面表现为学习的兴趣，另一方面表现为学习的责任。首先，学生对学习产生了兴趣，那么参与学习活动对他来说就不是一种压力和负担，而是一种愉快的、有趣的体验。而互联网时代的信息技术和多媒体技术为学习者提供了一种类似游戏挑战的学习环境和类型多样、内容丰富的学习资料，这些学习材料和学习环境通常具有很强的交互功能、超

第六章　英语教学与信息技术融合应用下学习模式的创新发展

链接功能以及其他虚拟功能，能在很大程度上刺激学生的感官和思维，让学生处于快速思考和吸收的状态，因而对学生们很有吸引力，有利于培养其学习的兴趣。

其次，学生需要意识到谁才是学习的主人，学习的受益者，谁应该对自己的学习行为负责。如果学生意识不到自身具有的学习责任，不能把学习的知识技能与自己的成长、生活和未来发展有机结合起来，这种学习就不是真正的自主学习；只有当学生自觉承担起学习的责任时，学生的学习才属于真正的自主学习。在互联网信息技术高度发达的今天，学生可以通过网络查询话题、搜集资料、开展研究，并将自己的观点和成果在网络上进行发表和传播，然后与其他学生交流得出结论，获得教师的点评，担负起属于自己的责任。因此，在互联网时代进行自主学习有利于培养学生的学习兴趣和责任感。

（二）化引导学习为独立学习

引导学习就是在外界（多是教师）的引导下开展学习的学习方式，而独立学习则突出了个体的独立性学习特点。如果主动性表现为"我要学"，那么独立性则表现为"我能学"。因为每一个学习者都有很强的表现出来的和没有表现出来的独立学习的能力，同时也有一种独立学习的要求，有一种证明自己能不依靠任何人的帮助就能独立完成学习，掌握知识技能的欲望。

基于互联网信息技术的计算机网络由于能呈现出生动形象、直观现实的知识，因而能帮助学生理解知识的构成、体系以及其中的重难点内容，从而帮助学生快速掌握知识，完成独立学习。与此同时，网络提供的超链接功能使各个知识点之间建立起逻辑严密的系统，因而学生可以根据自己的学习需要和学习兴趣选择相关的知识进行了解和学习。此外，网络具有的多样化交互性可以帮助学生提出疑问、寻找答案、寻求帮助、解决学习中的困难和问题，从而在合作环境中掌握知识。在网络在线学习中，学生与教师地位平等，教师需要更尊重学生的学习独立性，鼓励学生们发现问题，研究问题，给出答案，从而锻炼他们独立学习的意识和能力。

(三)培养学生的元认知监控能力

自主学习要求学生对学习的原因、学习的基础、学习的内容和学习的方法等问题有自觉的意识和规划。在开展学习之前，学生能够独立确定学习目标，选择学习内容，设计学习方法，做好开展学习活动的各种准备；在进行学习的过程中，学生能够对自己的学习过程、学习状态、学习行为进行自我观察、自我监督和自我调整；在完成学习行为之后，能够对自己的掌握程度进行自我测验、自我评价。培养学生对学习的自我意识和自我监控并养成良好的学习习惯，是促进学生开展自我学习的重要因素。

信息技术能促进自主学习活动的开展，在自主学习的前期，学生利用信息技术提供的丰富的学习资源发现问题，提出问题；在自主学习过程中，可以随时随地通过网络自主搜集和整理信息，或在教师的指导下查找所需的信息，分析信息，利用信息来寻求解决问题的方法；最后又可以通过网络，对学习活动本身和学习结果进行评价，以更好地促进下一次的学习。在整个学习活动中，学生始终处于主动学习的状态，并对自己提出的问题和解决问题的方法负责。通过网络发表自己的研究成果，完成与同学和老师的交流与合作，并在分析其他同学的学习的基础上对自己的学习行为和学习策略作出反思和概括，进行综合性的评价，对以后的学习提供帮助和改进。因此，我们在学生的学习中，要积极鼓励和培养学生的信息素养，鼓励学生学习的主动性、独立性，促进信息技术与自主学习方式的融合，培养学生的学习兴趣及学习责任，养成良好的学习习惯，使学生的学习更主动、独立、愉快和有效。

五、信息技术与自主学习模式的融合应用

依托现代信息技术开展的高校英语自主学习模式在实践应用的过程中需要学习者发挥自身的主观能动性，以良好的心态面对自主学习过程中遇到的问题。但自主学习活动的开展并不是学习者一个人的工作，教师也要充分发挥引导作用。具体分析，教师在信息技术与自主学习融合应用的过程中要注意发挥以下几个方面的作用。

第六章 英语教学与信息技术融合应用下学习模式的创新发展

（一）合理监控自主学习行为

由于我国的学生从小是在传统课堂教学模式下开展学习的，而传统课堂模式的最大特点是教师已经给学生制订好了学习的目标和计划，并会监督学生的学习进度、检测学生的学习成果，因此学生只需要完成教师安排的学习任务，不需要过多地思考如何开展自主学习。进入大学之后，学生在课堂上学习的时间变少了，自主安排学习的时间增多了，因此很多复习和练习活动需要自己在课下独立完成。但由于很多学生自主学习能力不足，导致学习效率不高。现代信息技术背景下的学习环境更加开放，也更加自由，因此高校学生的英语自主学习更需要教师的合理监控。具体分析，教师可以从以下几个角度出发，对学生的自主学习行为进行合理监控。

（1）引导学生树立自主学习的意识，培养学生对自身学习和成长的责任感，让他们明白学习是需要自己主动承担的任务，是对自己今后的发展十分有利的事情，因此要好好把握。

（2）引导学生填写自主学习报告，提升学生对自身情况以及自主学习活动的认知。

（3）引导学生根据自己的学习特点和学习情况制订学习目标和学习计划，并选择合适的学习方法

（4）布置合作学习的任务，引导学生将学习目标具象化，分组、分角色完成任务。

（5）运用管理模块监督自主学习的过程并定期开展阶段性测试。

（6）定期组织学习经验的交流讨论活动，促进教师与学生、学生与学生之间的交流与互动，坚定自主学习的理念与信心。

（二）培养学生的批判性思维能力

网络环境的复杂性和多样性对于学生开展自主学习活动来说既有有利的方面又有不利的方面。有利的方面是为学生提供了大量的学习资源和新颖的、灵活的学习方式；不利的方面是网络上的信息资料以及交际环境十分复杂，需要学生用批判的眼光去分析，去筛选。例如学生在搜集、学习有关西方文化知识的过程中，难免会接触到西方文化的各种观念和文化理念，事实

证明这些信息内容对高校学生世界观、人生观、价值观的塑造会产生一定的影响。面对这些文化价值理念的输出，教师要引导学生用批判性的思维去思考、去鉴定。要培养学生的批判性思维能力，可以采用目标性策略、情境性策略以及互动反思策略等方法策略。

目标性策略就是教师要引导学生以目标为导向开展自主学习活动。还以学习西方的文化为例，教师要引导学生坚定学习西方文化的目标是为了更好地学习和了解英语这一语言的形成与发展，是为了了解西方文化中的社会秩序、生活规范、风俗习惯等，从而树立正确的文化意识和多元文化的理念，进而坚定自己的文化信仰。这样一来，学生就能正确看待中西方文化的差异，并以批判性的思维去审视中西方文化之间的冲突。那就是我们不用过于强调中西方文化的冲突而忽略二者的相互学习、相互借鉴与相互吸收。站在历史发展的角度分析，中西方文化存在巨大冲突，也存在各个层面上的融合。这无疑是一个痛苦的过程，也是一个充满刀光剑影和不舍情绪的过程，不过，中华儿女已经勇敢地迈出了这一步，并且直至今日还在进行着民族文化的创新。这是一个民族自信的象征，是为未来播种希望的举措。

（三）提升学生的自我效能感

自我效能感是个体对自己是否有能力完成某一行为所进行的推测和判断，是个体的能力和自信心在某些活动中的具体体现。高自我效能的学习者与低自我效能的学习者在学习特征方面的差异如表6-1所示：

表6-1　不同自我效能学习者的学习特征

学习特征分类	高自我效能学习者	低自我效能学习者
任务定向	接受有挑战性的任务	回避有挑战性的任务
努力	为完成挑战性的任务愿意付出更多努力	不愿意为了完成挑战性任务付出更多努力
意志力	不达目标不罢休	达不到目标会放弃
信念	相信自己能控制学习环境；没有完成任务时能控制自己的焦虑与紧张；相信自己会取得成功	认为自己没有能力改变环境；不能完成任务时感到紧张、焦虑

续 表

学习特征分类	高自我效能学习者	低自我效能学习者
策略运用	放弃无效的学习策略	坚持无效的学习策略
成绩	与同样能力的低自我效能感的学习者相比，成绩更好	与同样能力的高自我效能感的学习者相比，成绩要差

通过表6-1可以看出自我效能感对自主学习的重要影响。具体分析如下：

1.影响学生对学习任务的选择

当学生可以自主选择学习任务时，大部分学生会选择在自己能力范围之内的、不费什么力气就能完成的任务；而高自我效能感的学生则会选择与自己能力相当的同时还具有一定挑战性的任务，这类任务不是轻轻松松就能完成的，而是需要花费学生更多的时间和精力才可能完成。

2.影响学生对学习目标和学习计划的制订

与低自我效能感的学生相比，高自我效能感的学生会为自己制定更高的学习目标，并且愿意付出比别人更多的努力来完成既定的学习目标；与此同时，高自我效能感的学生有较强的自我监督、管理能力，能时刻监督自己的学习行为，并根据学习情况及时调整学习计划。

3.影响学生完成学习任务时的意志力

高自我效能感的学生在遇到学习问题时不会因为一时的困难而放弃，而是会尝试各种办法解决问题，进而完成学习任务；低自我效能感的学生在遇到学习问题时往往坚持不了多久就想放弃。

4.影响学生完成学习任务的信念

高自我效能感的学生对自己的学习能力很有信心，认为自己能按时完成学习任务，即使遇到棘手的问题影响了学习的进程，也不会感到过分焦虑，而是会保持冷静的头脑，更加专注于问题的解决；相反，低自我效能感的学生在不能完成任务时往往会感到十分紧张，在开展学习活动时也会因此分心。

5.影响学生的学习策略

高自我效能感的学生会根据学习目标和学习内容选择学习策略，并且会在意识到某项学习策略无效时果断放弃，然后重新选择其他学习策略；低自我效能感的学生往往不愿意探索新的学习策略，因此，哪怕采用当前的学习策略导致学习效果欠佳也会坚持使用。

针对以上自我效能感在自主学习中发挥的作用，教师可以从以下三个方面出发帮助学生加强自我效能感。

第一，帮助学生制定英语学习的目标，选择英语学习的方法。

第二，帮助学生分析学习问题，引导学生开动脑筋分析学习问题。

第三，对所有的学生一视同仁，给予充分的指导和关怀。

基于现代信息技术的英语自主学习模式是时代发展的必然结果，也是英语教学改革和英语人才培养的有效途径。英语教师在这一过程中应该改变传统的角色设定，发挥教师的组织和引导作用。学生也应该明确自己在自主学习中的责任与任务，提高学习的积极性与主动性。

第二节　英语体验式学习模式

二十世纪八十年代，美国社会心理学家、教育家、体验式学习大师大卫·库伯（David Kolb）在学习和总结约翰·杜威（John Dewey）、库尔特·勒温（Kurt Lewin）和让·皮亚杰（Jean Piaget）经验学习模式的基础之上，提出自己的经验学习模式即体验式学习理论（Experiential Learning Theory），引起了广泛关注；二十世纪九十年代，体验式学习模式通过培训机构被引进中国，并以拓展训练的方式迅速流行，对我国的教学工作产生了重要影响。对于互联网时代的英语教学来说，将体验式学习与现代信息技术相结合能保证教学活动的有效性，提升教学活动的多样性。

一、体验式学习模式含义

库伯是体验式学习的集大成者，库伯提出体验式学习注重为学习者提供

真实或接近真实的学习环境，会引导学习者通过参与人际活动来获得个人的经验、感受、启示并与他人进行分享和交流，然后鼓励学习者通过反思和再总结将经验升华至理论或成果，最后将理论或成果投入到实践应用中。也就是说，体验式学习既注重学习者体验的过程，即经验的积累，又注重体验的结果，即经验的实际运用。在英语教学中，体验式学习通过关注学生学习英语的情感动机，使学生在学习过程中获得心理和情感上的体验，并通过扩大积极情感在体验学习中的作用范围优化教学与学习的效果。

国外对体验式学习有比较深入研究的专家学者除库伯之外，还包括美国的哲学家、心理学家、教育家杜威。他认为，"自然和经验是和谐并进的——经验表现为认识自然、深入自然奥秘的方法，并且是唯一的方法，而经验所揭示出来的自然，则使经验的进一步发展深刻化、丰富化，并得到指导。"[1]

在我国，学者尹晓伟指出，体验式学习理念的核心是强调学生的亲身参与以及体验之后的感悟，期间伴随着知识、技能、情感的获得，为学科核心素养的形成提供可能。[2] 学者甘术恩认为，体验式学习是学习者结合已有经验，对学习活动中的现有体验作出反应，构建新的知识，总结新的经验的过程。[3] 学者刘芳芳认为，虽然体验式学习的内涵会随着各种条件因素和外界环境的变化而发生变化，但"直接经验+反思"是其不变的含义特征，学习者应该抓住这一含义特征开展学习活动。[4]

具体分析，体验式学习需要教师根据学生的认知特点设计教学活动和教学情境，尽可能真实得呈现学习内容。教师需要引导学生在体验的过程中建构自己的知识体系，发展自己的应用能力，产生情感并最终生成意义。体验式学习尊重学生获得知识的过程，充分体现了教学的人文性。学生在体验式学习过程中并不能直接通过教师的讲解获取知识，而是要通过对经验的总结和反思获取知识，因此在这一过程中离不开亲身实践和阶段性的思考。具体

---

[1] 王雷.体验式学习在初中英语教学中的应用研究[D].长春：东北师范大学，2007:3.
[2] 尹晓伟.基于体验式学习的高中信息技术课堂教学策略研究[D].石家庄：河北师范大学，2020:11.
[3] 甘术恩.基于体验式学习理论的商务英语口译探讨[J].中国商贸，2015(16):190-192.
[4] 刘芳芳.基于增强现实的体验式学习活动设计研究[D].上海：华东师范大学，2016:15.

分析，体验式学习的过程包括以下四个阶段：具体体验——观察反思——形成概念——主动验证。学习者自动完成体验、反馈和调整，经历一个学习过程，在体验中认知知识、积累经验。

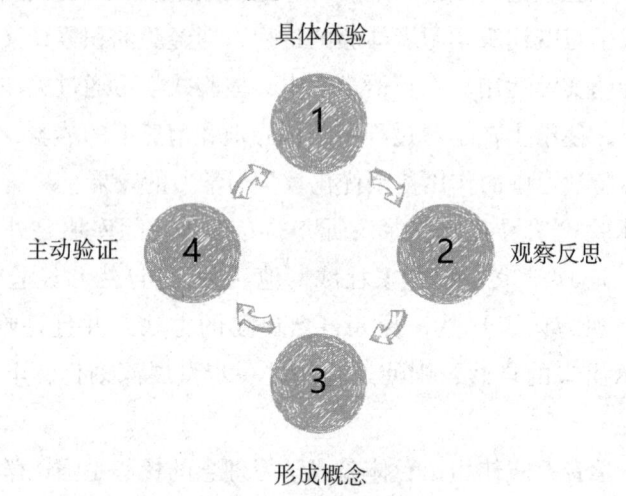

图 6-3 体验学习循环模式

其中，具体体验是指让学习者完全投入、参与到一种新的体验过程；观察反思是指学习者在经过一个阶段的体验之后静下心来对这一阶段的体验进行回忆和反思；形成概念是指学习者已经理解了观察和反思的内容并将这部分内容内化吸收、形成合乎逻辑的概念；主动验证是指学习者要通过制定策略、解决问题的方式验证这些概念理论的准确性。由此可以看出体验式学习过程是一个循环往复的学习过程，也是离不开实践、需要在实践中验证学习效果的过程。

二、体验式学习模式特征

体验式学习与其他学习方式不同的地方在于这种学习方式十分注重学生在学习过程中主观能动性的发挥，注重激发学生学习的自主性与积极性。具体分析，体验式学习模式的特征主要包括以下几个方面的内容。

（一）强调个体的参与性

体验式学习模式强调学习个体对学习过程的参与性，希望学生能够在实

践中学习，能够在学习过程中收获积极的情感体验，因为这样学生的学习效率会比较高。教师在教学过程中要借鉴体验式学习模式的做法，就要根据教学内容设计形式多样的教学情境，从而激发学生的学习兴趣，引导学生主动开展学习、获取知识。

（二）侧重真实语境

体验式学习认为学习活动的开展离不开真实的语言环境，学生只有置身于真实的语言环境才能深入体验语言的使用方法，掌握最地道的语言知识和语言文化，进而提升自己的综合语言运用能力。

（三）注重对经验的获得和利用

体验式学习需要设置未来可能发生的场景作为学习者学习知识的情境。学习者通过反复的体验和感受积累自己在某一方面的经验，然后把这些经验转化为知识。这种经验的积累具有实践性和应用性，能够激发学生学习的积极性和主动性。

三、体验式学习模式意义

从学校教育的角度分析，采用体验式学习模式开展教学活动有一定的难度，但体验式学习模式的优势又使学校教育不会轻易放弃对这一模式的借鉴。具体而言，体验式学习对学校教育的意义主要体现在以下三个方面。

（一）记忆转换促进知识的掌握

认知心理学将人的记忆划分为两种，即陈述性记忆和程序性记忆。陈述性记忆是指个体能够有意识地回忆且能够清晰表达出的记忆，又包括语义记忆、情节记忆等；程序性记忆是关于如何开展实际操作的记忆，在执行动作或者学习技能时程序记忆就开始发挥作用。在开展体验式学习的过程中，个体所具有的记忆与知识接受的学习形式存在着明显的联系，这一点可以从罗伯特·斯腾伯格（Robert J. Sternberg）"不同来源知识的记忆"模型中体现出来。如图6-4所示：

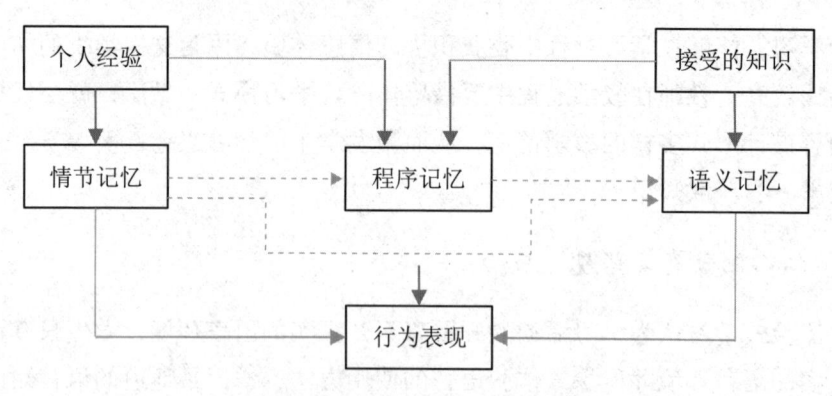

```
┌─────────┐                              ┌─────────┐
│ 个人经验 │                              │接受的知识│
└────┬────┘                              └────┬────┘
     │         ┌─────────┐                    │
     ▼      ┌─▶│ 程序记忆 │──┐                 ▼
┌─────────┐ │  └────┬────┘  │             ┌─────────┐
│ 情节记忆 │─┘       │       └────────────▶│ 语义记忆 │
└────┬────┘         │                     └────┬────┘
     │              ▼                          │
     │         ┌─────────┐                     │
     └────────▶│ 行为表现 │◀────────────────────┘
               └─────────┘
```

图 6-4　不同来源知识的记忆

从图 6-4 中可以看出，通过体验式学习即个人经验获取的记忆不仅包括情节记忆，还包括程序记忆，且这两种记忆都可以直接转化为语义记忆。同时可以看到通过教师直接传授的形式学习所接受的知识在大脑中形成的记忆只包括程序记忆和语义记忆。因此，体验式学习模式要比传授式学习模式更为全面、丰富，能够为知识的掌握提供更加丰富的线索，让学习者更加投入得参与到知识的获取和理解过程。此外，语义记忆需要多次记忆，但是情节记忆具有一次性习得的优势，因此学习者可以通过情景式的体验获取更容易记忆的知识。

（二）情绪记忆促进记忆的效果

在体验式学习中，情节记忆不仅涉及时间、地点、事物等因素，还包括学习者在体验过程中产生的情绪记忆，情绪记忆本身具有促进记忆的效果。著名学者戈登·鲍尔（Gordon H. Bower）认为，情绪记忆与命题记忆相似，也是会以节点的形式在记忆中形成表征，且与表征情绪事件的命题节点连接起来。一旦表征事件的某一命题节点被激活，情绪也会随着激活扩散而被激活。在体验式学习中，知识记忆与情绪记忆共同产生，因此这两种记忆会同时被编码，进而在大脑中保存下来。通过这种双重编码，加强了人们在学习知识时的体验和感受，有助于发挥情绪记忆在回忆知识时的作用。

（三）自我决定提高自主学习能力

与传统的课堂学习模式不同，体验式学习以学习者为中心，学习者是学习活动的主导者。学习者能够选择学习的场所、时间、内容、方式等，因而

使学习者更具有自主性，能在较大程度上展现学习者的个性特征。除此之外，由于体验式学习也是一种情境式学习，而情境式学习的显著特征就是动态性和开放性，而这两项特征需要学习者能够根据情境的变化来调整自己的学习行为和学习计划，因此体验式学习有助于培养学习者的创新思维和应变能力，还有助于让学习者体验到更多的自我责任感。

四、信息技术与体验式学习模式的融合应用

互联网时代信息技术与体验式学习模式的融合应用有助于推进英语教学的改革进程，是传统英语学习方式的补充。与传统的英语学习方式不同，信息技术与体验式学习方式的结合主张以学习者为中心，通过营造真实或接近真实的学习环境来使学生获取知识，因为更加重视主动经验的获得。在学习的过程中，学生通过亲身体验认识到了知识对个人成长与进步的重要性，有助于学生树立正确的世界观、价值观和人生观，并提升自身对环境变化的适应能力。除此之外，学生还可以进行人格塑造，激发自己内在的潜力。具体分析，信息技术与体验式学习模式融合应用的方法可分为以下三点。

（一）开展游戏化教学

将信息技术与体验式学习融合应用的方法之一是利用现代信息技术开展游戏化教学。在英语体验式教学的过程中开展游戏化教学是指充分利用游戏的生动性、新颖性与挑战性特点，将英语知识的教学融入到游戏任务的完成过程，将英语教学的目标隐藏在游戏的关卡之中。教师可以根据学生的学习特点和基础水平，设计游戏类的教学活动，采取游戏化的教学方法，从而寓教于乐，使学生在轻松愉快的教学氛围下掌握英语知识，提高英语技能。

除此之外，游戏化教学活动的开展是以网络技术和设备为背景条件的，在网络技术和设备的支撑下，教师能够为学生搭建更为丰富、有趣的学习空间，使学生在空间内能够扮演不同的角色、体验不同的知识文化，进而快速掌握英语语言知识和技能，并树立起跨文化交际的意识，提高自己的跨文化交际能力。

（二）开展实时交流与协作

在现代信息技术特别是网络技术的支持下，教师和学生可以随时在网络学习平台上开展交流与协作。例如，教师可以在平台上发布学习目标和学习

计划，让学生在课前进行预习；学生可以在平台上发表自己在学习过程中的心得体会，也可以发布自己的疑问和问题，或者借鉴其他同学的学习方法；教师可以随时关注学生发布的学习动态，及时掌握学生在学习过程中遇到的重难点问题，并进行专业的讲解和回复。

由于网络学习平台一般不受时间、场所、参与人员数量等因素的影响，因此学生与学生之间也可以在平台上进行及时的交流和沟通，甚至可以在教师的指导下组成学习小组，通过相互学习、分工合作的形式相互监督各自的学习状态。互联网时代的实时交流平台有很多，包括QQ、微信、钉钉等。

（三）营造个性化的学习环境

将信息技术与体验式学习融合应用的另一方法就是营造个性化的学习环境。体验式学习主张发挥学生的探索精神和个性特点，让学生在探索和发现中获取知识，实现进步。现代信息技术资源的利用可以为学生的个性化学习体验创造条件。

由于不同学生个体之间存在差异性，如学习需求、学习风格、兴趣爱好等方面的差异性，因此不同学生学习需要的学习资源也不尽相同。传统的英语课堂教学由于教学条件的限制无法满足每个学生的个体需要，致使教学活动处在一种硬性的统一中。在现代信息技术环境背景下，教师可以设计满足不同学习体验的活动，从而使学生掌握学生的节奏与进度，并且能够根据自身的学习特点和需求开展学习。这种学习方式能够增强学生学习的成功体验，从而增强学生的自信心与自豪感。

第三节 英语项目式学习模式

一、项目式学习模式概述

学习语言的目的会随着时代的发展而不断的变化，与之密切相关的英语教学也深受时代发展的影响。伴随着经济全球化和文化多元化的发展趋势，英语教学的教学目标、教学定位、教学内容、教学模式都发生了相应的变化。其中高校英语教学的目标是为社会发展培养更多具备国际化视野和国际竞争力的人才，这些人才不仅需要掌握专业的英语语言知识，还需要了解跨文化交际的规则，具备跨文化交际的能力。

采用项目式学习模式开展教学活动有助于实现上述英语教学的目标。因为项目式学习模式不仅强调学习者要在参与项目过程中搜集资料、积累知识，而且十分注重培养学生参与项目的积极态度与合作精神，进而提高学生的综合语言运用能力，促进学生的全面发展。

（一）项目式学习模式定义

项目式学习中的"项目"是管理学中的"项目"概念在教育教学领域的应用和延伸。具体分析，项目式学习是"以学科原理为中心内容，使学生在真实世界中借助多种资源开展探究活动，并在一定时间内解决一系列相互关联问题的一种探究式学习模式"。[①] 项目式学习模式认为，通过组织学生探究不同的问题来获取不同的知识与技能是一种系统的、可行的教学方式。

（二）项目式学习模式特征

项目式学习的特征主要体现在以下几个方面。

（1）项目式学习的开展首先要求为学习者创造一个真实的、具体的学习环境。

（2）项目式学习的开展还要求按照不同的学习需求设定不同的项目，一个项目可能能满足不止一个学习需求，但项目的设置要有侧重点。

（3）项目式学习的学习内容不能脱离现实世界，任何探究问题的设计都要注重实用性和可操作性；在完成学习任务后，学生不仅要了解解决问题的理论指导，还要掌握解决问题的方法技巧。

（4）项目式学习主张可以利用现代信息技术等手段开展学习，通过使用现代信息技术，学生可以接触更多的学习资源，但要得到有用的学习资源还要依靠学生辨别资料、筛选资料的能力，在这一过程中，学生的自主学习意识与能力得到了锻炼。

---

① 霍玉秀.基于"项目式学习"模式与学生综合能力的培养[J].语文学刊·外语教育教学，2013(11):96.

（5）项目式学习主张学生是学习的主体，任何教学活动的开展都要以学生为中心，因此教学的重点是激发学生学习的积极性与主动性，培养学生自主学习的能力、分析和解决问题的能力。

（6）项目式学习注重培养学生的合作精神和合作能力。由于一般项目式学习的任务设置十分丰富，只凭借学生一个人的努力是无法完成的，因此学生需要充分利用自己的知识储备和经验储备，并积极开展相互协作。也就是说，在任务进行的不同阶段，学生需要与不同层次的同学进行合作交流，才可能完成任务。

（三）项目式学习模式意义

项目式学习是在传统教学模式下发展出来的新的学习模式。具体分析，项目式学习的意义主要体现在以下几个方面。

1.帮助学生建构知识体系

通过参与项目式学习，学生能够充分发挥主观能动性对项目进行分析、分类，并通过参与合作完成项目任务。这是一种知识建构的自主性操作，能够为今后学习与工作的开展打下坚实的基础。在完成项目任务的过程中学生需要进行知识信息的搜集与获取，并寻找能够完成项目的方法。从整体上看，项目的完成不仅需要学生开动大脑、发散思维，还需要不断增加自己的知识储备，建构更加完善、更为系统的知识体系。

2.培养学生的自主意识和能力

项目式学习不是一种自上而下的知识硬性灌输，而是主张培养学生的自主意识和自主学习能力，引导学生自主选择自己感兴趣的方向和主题开展研究，并自己决定学习的方法和进度。在项目开展的过程中，学生需要自己制定项目开展计划、思考合作方式，遇到困难要坚定自信并思考解决问题的办法，项目完成后要总结和反思。这一系列操作都需要学生自己结合理论与实践来进行。因此项目式学习能够培养学生的自主学习意识、责任感和创新精神，锻炼学生的信息搜索能力、逻辑思维能力、实际应用能力、解决问题的能力。

3.培养学生的合作意识和情感能力

在项目式学习进行的过程中,学生面对的是有挑战性的、有实际意义的集体性学习任务,因此学生们需要以小组合作的方式开展探讨与学习。在小组内,学生们需要根据自己的角色定位完成自己的工作,组员之间需要互相帮助,发挥各自的职能促进项目的完成。在项目进行的过程中,小组成员之间会时刻保持联系,定期组织会议分享自己的研究成果,同时会就成员遇到的难以解决的问题展开积极的探讨因此能够培养学生的合作意识、提高学生的语言交际能力和情感能力。

二、信息技术与项目式学习模式的融合应用

互联网时代现代信息技术的发展为学生的学习活动提供了丰富的资源和充分的选择空间,而项目式学习能够以任务式的形式呈现学习的内容,因此能够锻炼学生的思维能力和自主学习能力。信息技术与项目式学习模式的融合应用不仅能够发挥项目式学习本身的优势,还能丰富项目类型,增加学习的多样性,为学生创造掌握学习内容的有利环境。

(一)信息技术与项目式学习模式融合应用的特点

信息技术与项目式学习模式融合应用的特点主要体现在以下几个方面。

1.学习资源的丰富性

学习资源的丰富性是信息技术与项目式学习模式融合应用的一大特点。任何形式的学习活动的展开都需要以一定的学习资源为基础,项目式学习活动的开展也不例外。现代信息技术为项目式学习的开展提供了充足的、多样化的资源。同时,由于现代信息技术的使用不受时间、空间和学习人数的限制,有利于学习资源的共享,因此能够满足不同学生发展的个性需求。

2.学习情境的真实性

信息技术与项目式学习模式的融合应用能够为学生的英语学习创设接近真实的学习情境。由于缺乏目的语学习和应用的社会环境,我国英语教学活动的开展受到了一定程度的限制,学生的英语习得也受到了一定程度的影响。而现代信息技术能够根据不同项目的特点为学生的英语习得创设丰富多样的情境,方便学生理解和接受学习内容,从而充分发挥主观能动性去完成

学习项目、掌握学习内容。

3.信息沟通的即时性

信息沟通的即时性是现代信息技术的一大优势。通过使用互联网技术，信息传递和接收的速度加快，这就为学生之间的高效交流与协作提供了条件；不仅如此，在项目进行的过程中，教师与学生之间也能随时开展方便快捷的沟通，这将有助于拉近师生之间的距离，培养师生之间的感情，从而提升整体的学习效果和教学效果。

4.教学管理的灵活性

传统的英语教学活动大多以大班的模式展开，教师很难和学生进行一对一的沟通与交流。通过现代信息技术，教师可以随时了解学生的项目进度，掌握学生学习过程中的难点，从而更有效地进行指导与解惑工作。这种环境下的教学较传统的教学模式更为灵活，同时也更加便于教师的管理。

5.学生合作的便利性

现代信息技术的应用不仅为教师指导学生开展学习活动创造了条件，还为学生之间的合作提供了便利。这主要是因为现代信息技术与设备的应用使学习项目的进行可以不受学习时间和学习地点的限制，因此学生可以根据自身情况灵活的安排学习计划，开展项目合作。

（二）信息技术与项目式学习模式融合应用的类型

具体分析，信息技术与项目式学习模式融合应用的类型可分为以下两种。

1.基于信息技术的自主探究模式

如图6-5所示，基于信息技术的自主探究模式的构成要素包括：学生、任务、参考资料、教师。

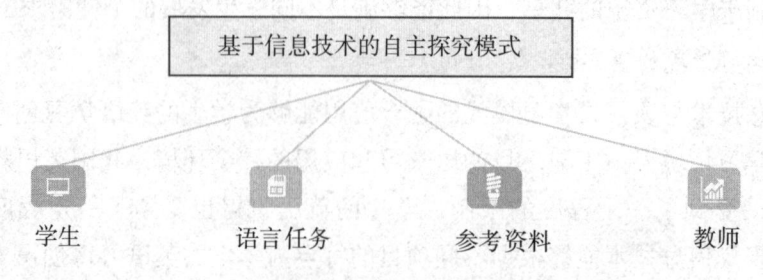

图6-5 基于信息技术的自主探究模式的构成要素

自主探究模式的使用主要是为了提高学生的英语语言应用能力。自主探究模式的实施流程是：教师给学生布置语言应用的项目任务并引导学生掌握完成任务的方法，在学生进行项目的过程中，教师也会提供相应的指导和帮助。这个过程都是在现代信息技术的支持下完成的，例如布置和领取学习任务、搜集学习资源、提供项目指导等。由于信息技术给学生创造了一个相对真实的语言环境，因此学生能够了解自身的语言水平和语言状态。在教师的指导下，学生会更加深刻地认识自己的学习方法和学习能力。在学习资源的搜集和使用过程中，学生会不断加强自身的语言能力。

2. 基于信息技术的任务合作模式

如图6-6所示，基于信息技术的任务合作模式的构成要素包括：学习小组、任务、参考资料、教师。

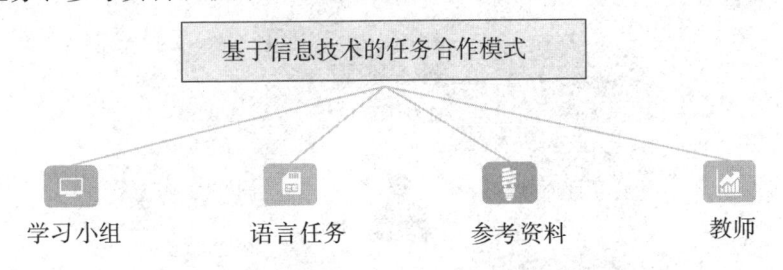

图6-6 基于信息技术的任务合作模式的构成要素

与基于信息技术的自主探究模式不同的是，基于信息技术的任务合作模式都是以学习小组的方式展开的。通过使用现代信息技术，学习小组的成员相互配合完成教师布置的学习任务。这种学习模式不仅能够锻炼学生的英语语言综合应用能力，还能培养学生的合作意识。需要注意的是，教师在安排任务时需要保证任务的灵活性与实用性，任务的主题应该与学生的实际生活、工作相结合。在任务合作模式中，教师不仅要为学生布置学习任务，还要疏导学生在项目进行过程中遇到的问题，协调学习小组内部出现的分歧与矛盾，保证项目的顺利进行与完成，并在项目完成后给出评价。

学生在基于信息技术的任务合作模式中的任务主要包括：进行小组项目分工、制订项目完成计划、对项目进行阶段性评估、项目完成后的总结与项目提交。在完成任务的过程中，学生最好选用英文版的参考资料，并使用英语与小组成员进行沟通。在项目进行的过程中，学生的团队合作精神得到了提升，英语语言应用能力得到了锻炼。

（三）信息技术与项目式学习模式融合应用的实践

开展信息技术与项目式学习模式融合应用的实践需要科学的教学原则和教学方法作为指导。

1. 信息技术与项目式学习模式融合应用的实践原则

开展信息技术与项目式学习模式融合应用的实践既需要遵循信息技术辅助教学的相关原则，又需要以开展项目式学习的原则作为指导。具体分析，其实践涉及的需要遵循的原则包括以下几个方面。

图 6-7 信息技术与项目式学习模式融合应用的实践原则

（1）学生为中心原则。项目式学习模式的开展要求重视学生在教学中的中心地位，因此信息技术与项目式学习模式融合应用的实践也需要严格遵循以学生为中心的原则。在开展教学实践的过程中，学生英语语言能力的提高需要大量的练习作为保证，这种练习应该以学生为中心，充分发挥学生的主观能动性。教学模式、教学手段、教学活动的设计都应该考虑学生的学习特点和学习需求，应该在学生主体地位的作用下完成。

信息技术与项目式学习模式融合应用的实践应该能够让学生以更加积极

第六章　英语教学与信息技术融合应用下学习模式的创新发展

的心态参与学习活动并主动建构自身的知识体系。当学生的学习主动性提高后，学生就会根据自身的学习水平与特点进行学习内容的选择并合理安排学习进度。

（2）目的性原则。信息技术与项目式学习模式融合应用的实践需要符合英语教学的总体教学目标，因此，在项目式学习的开展过程中，一切活动的设计与组织都要以英语教学的目标为依据。在这一原则的指导下，英语教师应该科学地设计活动的项目，保证项目的实施能够促进英语教学总体目标的实现，并能够细化教学目标，使项目包含的每个步骤都有明确的教学目标的指导。

（3）情境与交际原则。学生学习英语的最终目的是进行英语语言的应用。项目式学习利用现代信息技术为学生创设了真实的语言交际情境，有利于激发学生的英语思维，并利用已有的知识和经验去建构新的知识体系。现代信息技术现在已经渗透到了英语教学的各个方面，利用现代信息技术和设备可以为英语的项目式学习创设真实的语言交际情境，从而培养学生的跨文化交际意识，提高学生的跨文化交际能力。

（4）情感与合作学习原则。情感因素（包括学习动机、学习态度、兴趣爱好、注意力等）是影响学习质量的一个重要因素。通常情况下，积极的情感因素能够促进学习活动的开展，而消极的情感因素则会阻碍学习活动的进行。

信息技术与项目式学习模式融合应用的实践能够激发学生的学习动机，提高学生学习英语的主动性与创造性，从而提升英语学习的兴趣。在现代信息技术的帮助下，英语语言知识以更加丰富、多样的方式呈现出来，有利于学生对英语知识与技能的理解和吸收。与此同时，教师需要有意识地加强与学生之间的情感沟通，并教给学生一些具体的、易操作的合作学习方法，从而促进学习项目的完成，增强项目式学习的学习效果。

（5）系统性与科学性原则。学生英语语言能力的提升不是一蹴而就的，而是一个循序渐进的过程。在这个过程中，学生需要使用科学的、系统的学习方法来不断理解和练习需要掌握的语言知识和技能，因而信息技术与项目式学习模式融合应用的实践也要遵循系统性和科学性的原则。学生需要充分利用现代信息技术提供的具有渐进性和系统性特征的学习资源，通过预习—

学习—练习—复习—应用—反思一系列的流程实现语言知识的认知、理解、运用与创新的科学递进。

2.信息技术与项目式学习模式融合应用的实践方法

在信息技术与项目式学习模式融合应用的实践中，有以下几种操作方法。

图 6-8　信息技术与项目式学习模式融合应用的实践方法

（1）项目设计。项目设计是信息技术与项目式学习模式融合应用的实践基础，需要教师在研究教学目标、教材内容和搜集教学资料的基础上进行。具体分析，教师需要使用现代信息技术搜集和整合教学资源，并基于教学目标进行学习资料的组织与加工，然后开始建构线上以及线下的学习项目。

（2）确定项目。项目的确定是信息技术与项目式学习模式融合应用的关键步骤，项目的确定需要教师充分利用现代信息技术创设语言学习的场景、搜集用于语言学习的资料，并通过网络在线平台与学生进行沟通与交流，了解学生的学习兴趣和基础水平，激发学生对项目学习的主动性。学生在教师的引导下初步了解项目的概念，明确项目的要求，为进一步参与项目的实施奠定基础。

（3）制订计划。在制订计划环节，学生首先在教师的指导下分成了不同

的学习小组，并明确了项目完成的要求与形式，还初步了解了项目中包含的、自己需要完成的项目任务。在相互交流与探讨的过程中，教师和学生可以共同制订项目完成的计划，分析项目完成需要的程序和步骤，并确定不同阶段的时间、任务、方法等细节问题。

（4）活动探究。在项目实施的活动探究环节，教师需要为学生提供一些可能会用到的学习资源，并根据学生的表现给予不同程度的指导。学生利用现代信息技术接收和浏览学习资源，并与小组成员合作利用学习资源完成项目的方法。在这一过程中，教师需要对组内成员的学习状态进行观察和调控，从而为后续的评价积累资源。

（5）作品制作。学生可以通过使用不同的信息技术和设备对项目式学习的成果进行制作和展示，例如情景剧、微视频、幻灯片等。在成果制作的环节，学生可以利用互联网学到一些作品制作的技术和知识，例如幻灯片中的动画效果、声音效果，微视频中的视频剪辑技术、配音技术等，进而根据不同项目的要求对收集到的资料进行加工和制作。

（6）成果交流。成果交流环节指的是项目完成后教师统一组织项目小组进行学习成果的汇报展示。各小组成员需要汇报项目完成的计划、合作情况、完成情况、最终成果等。利用现代信息技术，成果交流的方式更加多样化，例如可以通过多媒体课件展示，也可以利用视频播放软件展示。通过举办成果交流活动，各项目小组成员能够相互学习、共同进步、共同成长。

（7）总结环节。教师在信息技术与项目式学习模式融合应用的实践过程中发挥着重要作用，在项目完成后需要进行适当的总结和评价。例如教师对学生的项目完成进行评价、引导学生进行自我评价或展开小组之间的互相评价。通过总结环节能够帮助学生进一步了解自己在项目完成过程中的表现，包括自己的优势和不足，同时看到其他小组成员的优秀表现，加强英语学习的信心与决心。

第七章 英语教学与信息技术融合应用下多元教学评价体系的构建

第一节 英语教学评价及其改革的必要性

教学评价是对教师的教学活动和学生的学习行为作出价值判断的过程，是教学中的重要组成部分。教学评价可以为教师提供反馈信息，以便教师更好地开展教学设计、组织教学活动。英语教学评价在课程与教学改革中扮演着监督者、促进者的角色，但传统的教学评价很难由表及里地发挥预期的作用。在互联网时代，使用现代信息技术辅助开展英语教学评价已成为当今教育学界的共识，这也是英语教学评价发展的必然趋势。

一、英语教学评价概述

（一）传统英语教学评价认知

1. 教学评价的类型

根据不同的分类标准，英语教学评价可以分为不同的类型。例如按照评价功能进行分类，英语教学评价可以分为形成性评价、诊断性评价、终结性评价；按照评价标准进行分类，英语教学评价可以分为相对评价和绝对评价；按照评价表达进行分类，英语教学评价可以分为定性评价和定量评价。

（1）按照评价功能进行分类可分为以下三种类别。

①形成性评价。1967年，美国评价学专家斯克里芬（G. F. Scriven）在其著作《评价方法论》中提出了形成性评价的概念，随后美国教育家布卢姆（B. S. Bloom）将形成性评价用于教育评价的实践，使之成为教学评价的一种类型。布卢姆认为，形成性评价就是在课程编制、教学和学习的过程中使用的系统性评价，这种系统性评价能够改进以上三种过程的具体操作，因为形成性评价的目的就是帮助发现教学活动中存在的问题，并为日常教学活动提供反馈信息，以便教师及时修改问题、调整活动，以取得更好的教学效果。

②诊断性评价。诊断性评价也可称为"教学前的评价"，在教学活动开始之前，教师要想设计出符合学生特点的教学方案，就必须对学生现有的知识、技能、学习动机、学习中易出现的问题等学习情况有一个基本的了解。教师可以通过多种方法和途径获悉这些情况，而诊断性评价就是最常用的方法之一。根据以上分析可知诊断性评价就是指在一门课程或一个学习单元开始之前，教师对学生所具有的认知能力、情感能力和专业技能等方面的学习条件展开的评价。开展诊断性评价的目的就是为了促进学生的学习，而诊断性评价促进学生学习的方式就是为学生制定适合其自身学习特点的发展目标和发展方案。

③终结性评价。终结性评价也称"教学后评价""总结性评价"，它是在某个相对完整的教学阶段结束后针对整个教学目标实现程度作出的评价。例如学期末或学年末各个学科专业的考试、考核。此处本书将集中论述终结性评价的作用、特点和实施方式。

首先，终结性评价的作用集中体现在以下四个方面：评定学生某一阶段的学习成绩；判断学生掌握知识、技能的程度和现有的能力水平；为学生某一阶段的学习提供反馈；评估学生在今后学习过程中获得成功的可能性，确定学生开展后续学习的起点。

其次，终结性评价的特点主要体现在以下三个方面：评价目标、测试内容和测试题目。从评价目标角度分析，终结性评价的直接目标是对整个教程或某一重要教学阶段所取得的教学成果进行评定，最终目标是评定学生的成绩，为下一阶段学习活动的安排提供依据；从测试内容角度分析，终结性评价是为了考查学生对某一课程整体内容的掌握情况，因而测试内容比较全面，分量相对较重，评价的频率也比较低；从测试题目角度分析，终结性评价的题目几乎涵盖了学生学过的所有重点内容，是所学知识、技能、能力等多种因素的综合体。

最后，终结性评价的方式。终结性评价多采用表现性的评价方式来展现评价的内容，例如作品、作文、研究报告、项目、论述题等。以下两种评价方式是终结性评价中经常使用的。

一是项目。采用项目作为终结性评价的一种方式是因为项目的应用范围较广，项目能够以调查报告、模型制作、网页制作的方式评定学生的知识能力。例如在英语口语考试中可以通过让学生用英语表演节目的方式测试学生的口语能力。由此可见，项目学习本身就是一种活动，其活动成果的展示可以作为终结性评价的一种方式手段。

二是论述题。论述题主要用来评定概念、建构、组织、关联和评定观点等方面的能力，论述题指向学生提出问题，要求他们根据问题的具体要求，发散思维，组织语言，然后呈现一份相对完整的答案。论述题可以是一个经过学生推理和思考之后得出的答案，也可以是学生将推理和思考的过程展现出来的阐述。具体分析，论述题可以分为两类，一类是限制性论述题，是指限定了答题的内容和形式，即学生答题必须在一定的问题范围内、以规定的形式作答，作答的篇幅也有限制，不能随意发挥；另一类是拓展性论述题，即在论述题目范围内学生能够自由搜集、整理相关资料用于作答，作答的形式较为自由，但论述要合理。

（2）按照评价标准进行分类可分为以下两种类别。

①相对评价。相对评价是指在被评价对象的集合中选取一个或若干个体为基准，然后把各个评价对象与基准进行比较，确定每个评价对象在集合中所处的相对位置。例如教师在分析班级学生的个人成绩时可以选取班级学生的平均成绩作为基准，通过对比学生的个人成绩和平均成绩就能了解学生的个人成绩是高于平均水平还是低于平均水平。但是相对评价方式也存在一定的缺点，那就是评价的基准会随着群体的差异而发生变化，评价的标准倾向于对最终教学成果的呈现，没有考虑到教学目标的引导作用，不能充分反映教学上的优缺点，不容易为改进教学提供依据。

②绝对评价。绝对评价是指在被评价对象的群体之外设定一个标准，这

个标准也被称为客观标准。在进行绝对评价时,需要以客观标准为基准判断评价对象的优劣。绝对评价的标准一般是教学大纲以及由此确定的评判细则,不会受评价对象个体或集体水平的影响,因而比较客观。由于评价标准客观通俗,因此每一个被评价对象都能明确自己与客观标准的差距,进而为下一阶段的学习设定目标。但是,绝对评价方式也不是完美无缺的,最明显的缺陷就是所谓的客观标准容易受评价者原有经验和主观意愿的影响,因此很难做到真正的客观。

(3)按照评价表达进行分类可分为以下两种类别。

①定性评价。定性评价是对评价资料进行"质"的分析,即运用分析和综合、比较与分类、归纳和演绎等逻辑分析的方法,对评价所获得的数据、资料进行思维加工。通常情况下,定性评价不仅用于对成果或产品的检验分析,更重视对过程和要素相互关系的动态分析。

②定量评价。定量评价是从"量"的角度,运用统计分析、多元分析等数学方法,在复杂纷乱的评价数据中总结出规律性的结论。由于教学涉及人的因素,各种变量及其相互作用关系是比较复杂的,因此为了提示数据的特征和规律性,定量评价的方向、范围必须由定性评价来规定。定性评价和定量评价二者互为补充,相互影响,相互促进,不可片面强调一方而忽视了另一方。当然,评价的出发点和标准不一,评价的类别也就不同。

2.教学评价的功能

(1)预测功能。预测功能是指根据评价对象的阶段评定来分析、观察和预测其发展的趋势,获得尽可能多的数据和事实,据此筛选可供评价的因素并对其进行科学的分析和逻辑的推导。通常情况下,传统的教学评价将评价的侧重点放在对评价对象现状的、定量的、表面的描述上,不太注重对评价对象未来发展方向和发展趋势的预测。但是,如果想对学生未来的发展情况进行预测并根据预测为学生的发展提供恰当的意见,就要充分发挥评价的预测功能,就必须搜集、掌握评价对象的各项相关信息。此外,还要使用科学的评价方法,例如诊断性评价、综合性评价等,从而达到最精准的预测效应。

(2)导向功能。教学评价的导向功能主要包括以下两个方面的内容。

①引导教学发展与国家政策要求保持一致。教学评价的导向功能突出体

现在其可以引导学校教育教学工作的开展符合国家教育政策的要求，无论是学校还是教师都能按照国家教育方针政策的规定组织和开展教学活动。例如学校要根据国家对学生德、智、体、美、劳全面发展的要求来把握教学与评价的内容，学校和教师必须以科学的教育理念为指导明确办学的方向，必须意识到教学活动开展的目的不仅仅是为了传授给学生一定的知识和技能，更是为了培养他们的道德品质，训练他们的坚强意志，增强他们的社会责任感，使他们都能够成长为有思想、有素质、有知识、有能力的人。

②为教学与学习指明发展的方向。教学评价的结果直接影响着教师接下来的教学计划和学生未来的学习规划。但在实际的英语教学中，教学评价对教学计划与学习规划的指导作用并没有引起足够的重视，也没有被纳入评价的体系。因此，必须要构建科学、全面的教学评价体系，使教学评价充分发挥为教师和学生明确全面发展目标的功能，引导教师和学生通过实现阶段性目标最终达成整体目标。这也意味着教学评价必须发挥正确的导向功能，一旦这种导向出现偏差，那么教学与学习的方向也会随之偏离正确的轨道。

（3）诊断功能。诊断功能可以说是教学评价最基本的功能，也是开展教学评价最充分的理由。教学活动由教师的教学和学生的学习两部分内容组成，因此教学评价的诊断功能也包括两方面的内容，即对教师教学效果的诊断和对学生学习效果的诊断。具体分析，教师是教学活动的组织者和开展者，如果不对教师的教学效果进行评价，就不能诊断教师的教学水平和教学质量，就不能全方位地判断教师所采用的教学方法、教学技巧是否合理。全面的教学评价工作还可以判断教师与学生的关系是否融洽，学生对教学活动的开展是否有良好的体验。对于学生来说，全面的教学评价工作不仅能判断学生的学习效果是否达到了教学目标的要求，还可以通过评价进一步分析学习效果欠佳的原因，例如教学环境、教学方法、教学内容等哪方面的因素是影响学习效果的主要因素。

（4）激励功能。教学评价对评价对象具有激励功能，即评价能够激发评价对象的情感、斗志、精神。具体来说，教学评价的激励功能可以从其对教师的激励和对学生的激励两方面体现出来。

①对教师的激励功能。教学评价对教师的激励功能主要体现在教学评价能够为教师的教学改革决策提供必要的参考信息。教师可以通过自己对教学

的自评、学生对教学活动的评价、其他教务人员对教师的评价了解自己在设计和组织教学活动中存在的问题和不足，并进一步反思这些问题产生的原因以及解决的办法。除此之外，教师还可以通过教师对学生的评价、学生对自身学习活动的评价了解学生在教学过程中存在的问题、问题发生的程度和原因。以上两种类型的信息都有助于教师有针对性地、有目的地调整教学内容和教学进度。

与此同时，教学评价还能帮助教师利用各种评定量表了解学生的具体学习情况、在每一阶段的达标情况、在学习各项知识技能中表现出来的兴趣和能力以及学生水平在班级中所处的位置，进而有的放矢地进行个别指导，做到因材施教。

②对学生的激励功能。教学评价不仅对教师改进教学活动具有激励效果，对学生改进学习活动也有激励作用。这主要是因为教学评价能够及时且全面地反映出学生在学习过程中的具体表现，这些表现有好的方面也有需要进一步提高的方面。学生通过教师对自己学习的评价、其他同学对自己学习的评价以及自我学习评价可以发现自己在学习过程中存在的优势和不足，进而采取措施改进学习活动。

3.教学评价的步骤

教学评价是一个有目的、有计划的活动过程，需要按照一定的程序开展。在这一过程中，评价思想的确立、评价内容体系的制定、评价技术和方法的选择以及评价的具体实施都是一些必要的程序步骤。

（1）确立评价的指导思想。教学评价是一种对教学成果的价值判断，而追求价值是人类开展教学活动的动力，教学评价的价值定位决定了教学评价的方向。纵观国内外学者对于有效教学评价的研究，其在教学评价的导向上存在着以下三个问题。

第一，以经济学中"投入产出"的观点简单类比教学活动。按照这种观点，教学效率＝教学产出（效果）÷教学投入。显然，这种观点是不成立的。其一，教学效果并非全都立竿见影，有些教学效果需要长时间的投入与训练；其二，教学效率不取决于相同时间内所产生的教学成果。

第二，强调量化和可测性，忽略了质性评价。在实际教学中，只有结果性目标才能量化，例如知识性教学的结果；体验目标是无法量化的，也是不应该量化的，例如学生在学习过程中的情感态度、意志培养。

第三，注重结果的有效性而忽略过程的有效性。教学效果不只是表现在教学的最终成果上，也表现在教学的过程中，这种效果覆盖的范围远远超出了教学目标规定的范围，例如学生在教学过程中的感悟和体验，学生在教学过程中的表现。

这说明有效教学评价系统重视了工具理性和忽略了价值理性。科学的教学评价指导思想应该以过程价值为基础、终极价值为目标，从而促进学生的全面发展，提升学生的素质。

（2）制定评价的指标体系。教学评价指标体系是评价课堂教学的依据。构建科学的、全方位的教学评价指标体系能够提高课堂教学评价的有效性。教学评价的指标体系应该包括教学内容、教学资源、教学方法、教学效果等方面的内容，这几个部分的设计应该具有各自的目的。在设置教学评价指标的过程中，要依据教育方针、教学大纲的要求，结合学生的学习需求和学习特点，用不同的指标体现教学评价的内容，并确定各项指标在整个体系中的占比，进而形成一个有效的指标体系。此外，考虑到评价指标的灵活性和可操作性，教师还应能够根据教学目标和教学内容的变化适当调整评价的标准。

评价指标体系的有效性可以从以下几个方面去衡量：

指标体系是否具有效度和信度；指标体系与教学目标是否具有一致性；使用该评价方案的人员是否能够接受它；评价体系是否为被评价者提供明确的教学或学习指导。需要指出的是，确定了指标体系之后，评价实施者还需要接受有关如何开展评价的培训，以便具备相关的知识和能力。

（3）选择评价技术和方法

在制定了评价体系之后，就要选择合适的评价方法。定性评价、定量评价、过程性评价、终结性评价等评价方法都是可以选择的有效方法。例如，定量评价和定性评价可以结合使用。教师既要认识到定量评价的科学性和合理性，例如运用教育测量和统计可以对评价对象的特性用数值进行描述；又要了解定量评价的不足之处，例如过于量化的评价忽视了教育活动内在的规律性，很多教学成果无法用量化的形式展现。在一定程度上，对复杂的教育现象采用定性评价的方法要比单纯的定量评价更能准确、清晰地反映实际情况。

除考试或测试外,教师还要研究出普遍的、科学的、易操作的评价方法来测定学生对教学内容的掌握情况。教师可以采用表现测验、个人档案等方法,在更真实、自然的环境中综合地评价学生的一些思维、技能、情感、态度等,尤其是涉及独立决策、批判性思维的技能和世界观、价值观的个性态度。表现测验不是仅仅说明已发生的认知的、情感的和心理过程的指标,而是直接测量教学内容的掌握情况。表现测验可以为教师提供现场观察学生心理特征、学习方式和行为习惯的机会,并且可以在被观察者不知晓的情况下进行观察,这样得出的观察结果更加准确。

(4)实施评价的四个步骤。第一,根据制定好的评价指标体系制定开展评价活动的计划。向被评价者讲授评价的目的、作用、环节、程序等信息,消除其对参与评价的疑问和抵触情绪,为评价活动的开展奠定基础。第二,运用调查法、询问法等方法收集开展评价需要的相关信息。第三,筛选和分析收集到的相关信息。第四,反馈评价结论。这可以让被评价者清晰地认识自己目前的学习行为造成的学习效果,并根据评价者的改进意见,使自己的后续行为发生特定的变化。

为了提高反馈的有效性,评价者需要注意以下操作技巧:其一,要根据被评价者的具体行为,明确指出他们的优点和缺点;其二,指出被评价者可以控制的不良行为,并表示希望他们进行改善的方法;其三,使用描述性而不是评价性的语言进行反馈;其四,要采用合适的反馈途径,如面谈、书信、电话等使评价结论能够被评价者接受。

(二)互联网时代背景下英语教学评价概述

1.互联网时代背景下英语教学评价的内涵

(1)互联网时代背景下英语教学评价的理念。不同的理念决定了不同的评价出发点,从而也影响了评价标准的选择和确立。互联网时代背景下的英语教学以建构主义理论为指导,因此互联网英语教学评价的出发点是学生,与评价相关的一切相关活动都要围绕是否能促进学生的学习这一问题来开展,选择的评价方法应注重过程评价和全方位评价。因此,总的来说互联网英语教学评价的理念就是以学生的学习和发展为中心,这也是互联网时代设立英语教学评价标准必须遵循的原则。

（2）互联网时代背景下英语教学评价的特色。互联网时代背景下的英语教学评价与传统的英语评价相比具有两个方面的特色。

其一，评价方法不同。主要表现为收集信息和处理信息的手段不同。现代信息技术和设备的使用使英语教学评价所收集的数据信息更加全面，数据信息的分析处理更加便捷，各种新型评价方法使得评价过程更加客观真实，为评价活动的各个阶段注入了新的生命力。

其二，互联网环境下的评价反馈更加灵活。互联网教学系统尤其是网络课程系统可以根据教学评价的结果及时地调整课程进度、课程内容、课程讲授方式，更新教学信息和学习资料，为学习者学习英语提供更好的体验。

（3）互联网时代背景下信息技术发挥作用的程度。当前，我国大部分开展互联网英语教学的学校，其互联网英语教学平台还没有设置专门的教学评价模块，教学评价仍然主要由英语教师组织进行，其评价的过程和方式与传统的英语教学评价几乎没有区别，现代信息技术和设备在评价过程中只起到辅助作用。一般来说，理想状态下的互联网英语教学评价应该以互联网技术和计算机为支撑，信息的收集、分析、处理等环节应主要由计算机完成。然而，以教师为主体，计算机和互联网技术只起到辅助作用的教学评价现状目前还比较普遍，因此在研究过程中，我们应该立足于现实，将这种评价现状看作是互联网英语教学评价的初级阶段。事实上，随着人们对英语学习需求的日益增长和互联网英语教学的不断发展，使用计算机和互联网技术开展英语教学评价已经是大势所趋。

综上所述，从过程观的角度出发，结合我国互联网英语教学的实际，这里将互联网英语教学评价界定为：以互联网和计算机技术为支撑，为了促进学生的语言学习，对与互联网英语教学相关的一切要素进行信息收集和处理，并依据一定的教育目标和评价标准对处理的结果进行科学判断的研究活动。

2.互联网时代背景下英语教学评价的特点

与传统的英语课堂教学评价相比，互联网英语教学评价呈现出以下特点。

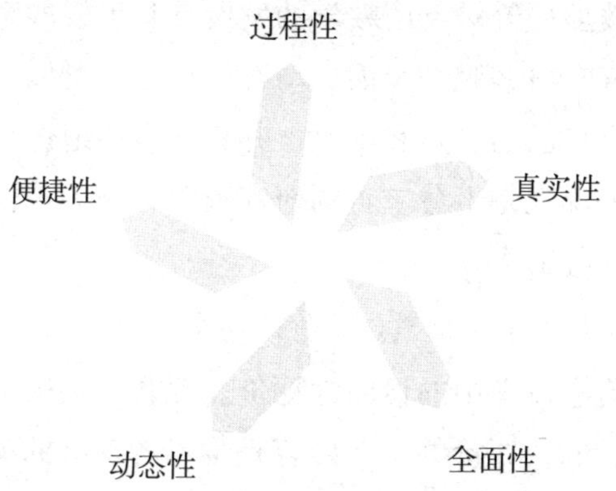

第七章　英语教学与信息技术融合应用下多元教学评价体系的构建

过程性

便捷性　　　　　　　　　　　真实性

动态性　　　　　　全面性

图 7-1　互联网英语教学评价的特点

（1）过程性。互联网教学注重过程性评价，互联网英语教学作为互联网教学的一个分支领域，也承袭了互联网教学的这一重要特点，互联网技术的应用使得人们可以对互联网英语教学的过程进行有效的监控，例如教师可以在教学管理平台上查看学生的学习进度、学习时间、单元测试成绩、互动交流情况等学习信息，为教师了解学生的互联网学习情况提供了有效的数据信息。

（2）真实性。互联网技术对英语教学过程的有效监控为开展教学评价提供了真实的数据，数据信息的收集、整理和分析依靠计算机技术和网络技术进行，保障了评价结果的真实性。这些真实的数据信息反馈给教师和学生之后，他们就能及时地调整自己的教学计划或者学习规划。

（3）全面性。互联网英语教学平台可以对学生学习英语网络课程的过程进行自动记录和监控，因而不仅可以对学生的学习效果进行评价，还可以通过学习记录对学生的学习态度、自主学习的能力进行评价。

（4）动态性。互联网英语教学平台的教学活动记录功能可以实时地发起对互联网英语教学的连续动态评价，并根据评价结果对教学本身进行动态的调整。

（5）便捷性。互联网英语教学评价系统的前期开发需要投入大量的资金和技术。然而，从长远来看，互联网英语教学评价充分利用信息技术的优势，大大节省了评价所需要的人力、物力，提高了评价的效率，缩短了评价的周期，降低了评价费用，极大地方便了英语教学活动的开展。

互联网英语教学评价对英语教学的发展具有重要的意义。互联网英语教学平台对学生语言学习客观、全面、动态的记录，可以帮助学生从自己学习成长的轨迹中找出自己的弱点和不足，并有针对性地进行提升。这些记录对于中介语的研究来说也是十分宝贵的研究资源，因为现代信息技术的应用为大量的数据分析创造了条件。

3.互联网时代背景下英语教学评价的类型

（1）互联网英语教学中的诊断性评价。互联网英语教学中的诊断性评价是针对学习者开展的，评价的主要内容是学习者现有的英语知识和能力。具体分析，是对学习者的学习条件、学习需求、学习背景、学习兴趣等情况进行了解。评价的目的是根据调查结果对学习者进行分组，为不同类型的学习者提供不同类型的学习资源和学习课程。一些互联网英语教学系统会在学习者选择课程之前安排一些测试，测试学习者的学习风格、英语水平等学习相关因素，然后根据测试结果给予恰当的学习建议，这就是诊断性评价的体现。

（2）互联网英语教学中的形成性评价。互联网英语教学的形成性评价注重对教学和学习过程进行实时监控，利用互联网教学系统进行跟踪和反馈，及时发现问题，及时给予反馈。例如，一些网络英语课程对学习者的在线作业进行即时批改，学习者提交作业不久即可得到学习结果的反馈和建议，有利于学习者发现自己的问题并及时改正。此外，在对学习者进行跟踪检测的同时，还注重对学习者的学习态度、学习情绪等进行调查，并给出描述、提醒和建议，以保证学习者的学习质量。此外，互联网英语教学形成性评价还有一个重要的作用，那就是改进网络教学系统。网络教学系统的完善不是一朝一夕的事情，只有根据学习者的需要和反馈不断改进教学系统的服务和功能，互联网英语教学才能得到持续的发展。

（3）互联网英语教学的终结性评价。在互联网英语教学中，通过对教学系统记录的学生学习信息的分析，并采用一些终结性评价手段，例如课程结束后的在线测试等，可以对学习者的学习效果进行最终的评价和总结，并将评价的结果作为教师开展下一阶段网络教学活动的重要依据。

4.互联网时代背景下英语教学评价的实施系统

根据上述对互联网英语教学评价的分析，结合现有的互联网信息技术，我们对当前存在的互联网英语教学评价系统进行简要介绍。

（1）网络实时评价系统。网络实时评价系统主要利用网络的公共通信手段，如电子邮箱、QQ、微信等聊天软件，进行文字、图像、视频和音频的异地实时交流。学习者可以不受时间、空间的限制，及时获得有效的学习反馈。该系统可以有效地记录学习过程，提高学习效率，增强对学习者的监督和管理。

（2）网络考试系统。网络考试系统主要包括学生考试系统、自动批阅系统和题库管理系统等。学习者可以不受时间、地点的限制，利用网络技术自主登录考试系统，从试题库中随机抽取试卷，进行单一技能测试或者综合知识技能测试，学习者可以自由选择试卷的题型、题量、难度和答题的时间等。网络考试系统可自动评阅试卷，节省了人工阅卷的时间和精力，并且判卷的准确率较高。判卷结束后系统还能自动生成一系列评估报告，对学习者的学习效果、学习风格、学习倾向等作出评价，给出建议。

（3）网络答疑系统。在线讨论和互动交流是目前网络答疑系统的两种主要形式。网络答疑系统可以对学习者的疑问和相关解答进行记录，教师可以通过在线浏览的方式对这些信息进行了解和分析，从中发现教学的问题，并及时调整教学方法和策略，满足学生的学习需求。通过使用网络答疑系统的搜索引擎，学习者可以搜索关键词并快速得到问题的答案。除此之外，现在的很多外语教学网站都设有在线互动讨论专区，学习者能够以发帖的方式对不明白的问题进行描述，其他学习者看到后根据自己的看法发帖回应或给予评论，帮助解决问题。

（4）网络多媒体考试系统。网络多媒体考试系统是对网络在线考试系统的进一步改良。在传统文本试卷的基础上，网络多媒体考试系统增加了音频、视频、图像等多媒体信息数据，并且综合运用虚拟现实技术构建英语考试的环境，特别适合于互联网英语教学评价。网络多媒体考试系统使得全面、多元的评价成为可能。值得注意的是，以上介绍的互联网英语教学评价的实施系统主要还是以学习者为主体开展的评价，综合的互联网英语教学评价系统的开发还有待进一步的研究。

二、英语教学评价改革的必要性

早在二十一世纪初期，我国教育部的高等教育司就提出了要利用信息技术推动大学英语教学改革的要求。教学评价作为教学活动的重要组成部分，自然也是教育改革的关键环节之一。在开展英语教学评价的改革与创新时，首先要认识英语教学评价改革的重要性。

（一）评价观念有待更新

在传统应试教育观念的指导下，人们普遍认为开展教学评价的目的在于选拔人才，因此将考试成绩作为衡量教师教学工作和学生学习成绩的主要标准。基于这种评价目的和衡量标准，人们在设置英语教学评价的内容时往往存在遗漏，没有将学生的学习态度、学习兴趣、学习风格、学习方式等非智力因素包括在评价内容之中，但这些非智力因素其实是影响学生英语学习效果的重要因素；除此之外，人们还更注重对语言知识学习的评价而忽视对语言应用能力的评价，这只会造成学生语言学习效果的片面化，不利于提高学生的英语综合应用能力。

（二）评价方式可以更加科学

首先，通常情况下，英语教学评价多以终结性评价为主，形成性评价为辅。在进行评价时，只注重对教师教学效果和学生学习成绩的评价，忽视了对教师教学过程和学习过程的评价。也就是说，只根据学生在单元、期中、期末的考试成绩来判定教师的教学工作和学生的学习活动。这样既不能了解教师在教学过程中所遵循的教学理念、所采用的教学方法、教学手段，也不能了解学生在学习过程中的真实体验和问题所在。除此之外，因为不能将所有的学习内容作为评价内容还会导致测试和评价的片面性和偶然性。

其次，英语教学评价偏重于教师在评价活动中的主导地位，教师的地位高高在上，学生总处于被动地位甚至被忽略的地位，不利于激发学生学习英语的主动性和积极性。

最后，英语教学评价偏重定量评价而疏于定性评价。虽然定量评价有真实的数据作为支撑能够比较准确地反映评价对象的相关特征，并有利于评价结果的统计和分析,但有一些不适合量化或者不能量化的评价内容需要使用定性评价的方法,例如学生的学习态度、情感意识等,否则会影响评价的整体信度。

第二节　多元教学评价体系构建的原则

无论是现代教育理论还是互联网时代背景下英语教学的特点都要求英语教育教学工作者为英语教学评价活动的开展构建一个多元、平衡、动态的评价体系,要构建一个这样的评价体系,就要遵循以下原则。

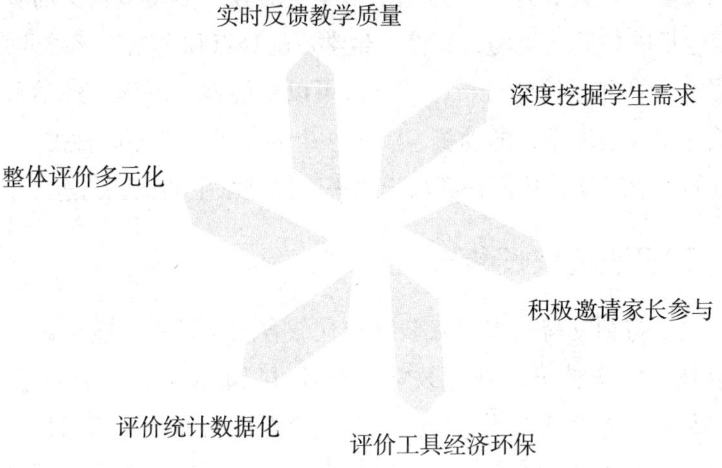

实时反馈教学质量

深度挖掘学生需求

整体评价多元化

积极邀请家长参与

评价统计数据化　　评价工具经济环保

图 7-2　多元教学评价体系构建的原则

一、实时反馈教学质量

在教学评价中使用现代信息技术意味着学校可以借助网络技术、大数据技术等现代信息技术搭建一个评价教学活动的在线平台,学生可以利用手机、平板电脑等电子信息设备登录这一平台,然后对各个教师的课堂教学质量进行评价。由于该平台同时与多种移动终端设备链接,因此使用起来不受时间和空间的限制,十分方便快捷。学生可以根据课程分类评价不同的课程或者同一课程的不同课时，教师在接收到云端数据统计的结果后进行分析，并有针对性地对学生反映问题较多的课时进行调整。

针对学生认为不太容易理解的、没有听懂的知识点，教师可以根据反馈的人数选择单独讲授或集体讲授的方法帮助学生理解并掌握这个知识点。针对学生给出的对教学活动的质性描述，教师可以进行长期的记录和数据分析，并根据这些描述分析学生的学习态度、学习水平。

二、深度挖掘学生需求

使用网络技术、大数据技术等现代信息技术可以使教学评价活动的开展不再流于形式，学生可以在教学评价平台随心所欲地与教师、同学进行交流与沟通，表达自己的想法、提出自己的意见，充分体现学生在教学活动中的主体地位。教师可以在评价平台上了解学生对教学活动最真实的看法，归纳和总结学生反映的问题类型，深挖学生学习的难点和学生感兴趣的知识内容。通过数据的计算和系统的分析，教师就可以更好地了解学生的学习动机、学习需求，进而为激发学生的动机、满足学生的需求设计不同种类、不同内容、不同特点的教学活动，从而提高教学水平，促进学生的成长与进步。

三、积极邀请家长参与

家长的参与和支持是促进互联网时代教育教学发展的重要影响因素。在现代信息技术的支持下，教育教学工作者可以邀请家长参与在线课堂的学习。教师通过计算机或者手机应用将学生上课的画面分享给家长，家长便能清晰地看到学生参与在线教育的真实情况。与此同时，教师还可以将教学视频上传到云端上的公共班级空间，家长可以进入空间进行观看与学习。除此之外，当前网络视频教学模式的兴起使很多教师选择通过直播的方式讲授知识与文化，在这种情况下，家长可以选择和孩子一起观看直播，相互学习、相互监督、共同进步。

四、评价工具经济环保

传统的教学评价工具多是纸质的，虽然纸质的评价工具显得更加正式，但是它使用起来也有很多不足之处，例如：

纸质评价工具一旦印刷出来就不能修改，如果要增加新的评价项目或者修改之前的评价项目就要重新设计、排版、打印。

纸质版评价工具一般只能使用一次，导致大量的资源浪费。

将纸质评价工具发送至评价主体手中，向评价主体讲解评价规则，回收工具的过程会消耗大量的时间和精力。

与纸质评价工具不同的是，在网络云端进行的教学评价既节能环保，又方便进行修改和设计，且不用耗费人工的时间和精力向评价主体解释评价规则，也不会浪费评价主体过多的时间去评价。

五、评价统计数据化

纸质评价结果的查看、分析和整理不如网络评价结果操作方便、易于保存，因为计算机自带的数据分析软件能极大地提高评价统计的效率。且纸质的教学评价采用的是定量的形式，对教学评价的细节缺少质性描述，不利于发挥教学评价的作用，因为质性评价能更加全面、直观地反映教学过程中师生的行为与结果，为改进教学活动提供科学依据。从这个角度来看，网络质性评价比纸质定量评价更有操作价值，且更可能发展成为未来教育评价的主流形式。

目前，一些科技型的公司已经开发了新型的质性统计程序，如果能将这类程序技术引入学校的教学评价体系中，必然会引起传统教学评价的信息化变革。网络云端的评价数据与纸质的评价数据相比还有一个明显的优势，那就是比纸质的评价数据更容易保存、查找和调用，因为这些数据都是较为真实、可靠的第一手资料，因此对于后续的比较和跟踪研究具有重要的意义。

六、整体评价多元化

开展科学、有效的教学评价应该坚持整体评价多元化的原则，这也是构建多元教学评价体系应该遵循的重要原则。多元化的原则可以从以下三个方面来理解。

（一）评价主体多元化

传统的教学评价活动通常是由教学工作的管理者组织并开展的，学生甚至教师往往处于评价活动之外。英语教学与信息技术融合应用的背景下，无论是对教师教学活动的评价还是对学生学习行为的评价，都应该让教师和学生参与其中。因此评价主体的多元化包括学生的自我评价、教师对学生的评价、学生之间的相互评价以及网络教学系统对学生的评价。

1. 学生的自我评价

学生的自我评价是指学生要对自己在某一阶段的学习表现进行评价。例如学生可以通过电子日志的形式记录自己在学习过程中的心路历程、对学习计划的执行度和完成度、在学习中遇到的困难和解决办法、对学习成果的总结和反思等。

2. 教师对学生的评价

教师对学生的评价分为可量化的内容和激励性的内容两部分。课堂表现、第二课堂活动表现、随堂测试、单元测试是可以量化的。对学生的口头评价、书面评语等则主要涉及学生的情感态度、学习策略等，起到的是警醒、建议或激励的作用。

3. 学生之间的相互评价

学生之间的相互评价，不是随心所欲的评价，相反，在开始评价之前教师要制定出科学的评价标准，严格控制，规范操作，避免流于形式，否则就会导致学生之间出现拉帮结派、搞人际关系的不良作风。其次，教师要引导学生正确认识他人对自己的评价，不能只接受好的评价，拒绝真诚的、需要自己改进错误的评价。

4. 网络教学系统对学生的评价

学生利用网络教学系统开展学习、练习和在线测试，在这一过程中，网络教学系统可以针对学生的这些学习行为展开评价。网络教学系统对学生的评价具有客观、高效的优点。教师必须熟练掌握网络教学管理平台的操作，事先设定好评价的内容和规则，充分发挥网络教学系统激励学生学习的作用。

（二）评价内容多元化

传统的教学评价更注重对学生学习效果的评价，特别是对英语语言知识掌握情况的评价，而忽视了对学生英语语言技能、跨文化交际能力以及其他英语综合运用能力的评价，更缺乏对学生情感态度、学习策略和意志品格的评价。针对上述问题，多元评价教学体系将评价的内容设定为对学生智力因素的评价和非智力因素的评价。

对智力因素的评价内容主要包括英语知识、英语综合应用能力、跨文化交际能力的评价。其中英语知识主要是学生在课堂教学中学到的知识，包括英语语音知识、英语词汇知识和英语语法知识；英语综合应用能力包括英语的听、说、读、写、译技能；跨文化交际能力是指处理跨文化交际实践过程中出现的各种文化问题的能力，例如文化差异、文化意识、文化态度、文化情感等问题。在实际的跨文化交际活动中，跨文化交际能力表现在交际的得体性和有效性方面。

首先，交际的得体性是指跨文化交际参与者的言行符合目的语文化的价值观念、行为模式和社会规范。其次，交际的有效性是指跨文化交际参与者能够实现自己的交际目标，达到交际的目的。总之，跨文化交际能力具有内在性，可以由参与者根据自己的观念意识进行知识输入、技巧输入，然后下达交际命令，完成交际行为。

对非智力因素的评价内容主要包括学习策略、意志品格和情感态度的评价。其中学习策略主要包括认知策略、元认知策略、记忆策略等；意志品格主要包括学习过程中遇到困难时具有坚定的意志和不会轻易放弃的信念；情感态度包括学习英语和用英语参与跨文化交际活动的真实情感和正确态度，例如学生要想提高自己的跨文化交际能力，就必须了解自身的情感态度。

因为人们在与不同文化背景下的人进行沟通时，往往会有一种由预先印象或文化定式所造成的情感态度。这些交际前的态度给交际活动参与者戴上了有色眼镜，使其不能如实地评价对方的交际行为给自己带来的感受，甚至对对方的言语行为产生误解。如果参与者能提前意识到这一点，就能在很大程度上克服先入为主的消极情绪，从而减少负面情绪对交际的影响，体验跨文化交际活动带给自己的真实感受。

（三）评价形式多元化

评价内容的多元化注定了评价形式的多元化。不同的评价内容需要采用不同的方式进行评价。例如如果要评价学生对英语基础知识和英语技能的掌握情况，就可以采取形成性评价的方式，利用随堂测验、单元测验、计算机辅助听力测试、口语测试、英语技能竞赛采集学生的成绩数据，形成评价结果；而如果要评价学生的非智力性因素，则可以采取电子档案式评价方法采集教师的书面评语、学生之间的评语和教师对学生的阶段性建议；或者采用定性的方法将评价结果纳入量化的范围；如果要同时评价学生的英语基础知识和语言综合应用能力，则可以采取终结性评价方式，这种评价方式一般通过期中和期末两次考试进行。

第三节　多元教学评价体系构建的方法

根据教学构成的基本要素理论，在现代信息技术背景下，可以从学习者、课程、教师和技术四个维度出发构建英语多元教学评价体系。

一、学习者维度

学习者维度的评价构建分为两方面的内容，一方面是学习者在现实世界中的英语综合运用能力评价，另一方面是学习者在网络虚拟世界中的英语综合运用能力评价。学习者在现实世界和网络虚拟世界中的英语综合运用能力是有侧重点的，这主要体现在学习者在这两个世界里需要掌握的不同英语语言技能方面。

在现实世界中，学习者更需要掌握英语的听、说技能；而在网络虚拟世界中，学习者更多使用的是英语的读、写技能。因此，在语言知识方面，二者的评价指标也会有所侧重。例如培养学生的跨文化意识是英语课程教学的教学目标之一。跨文化意识承认文化的多样性和不同文化之间的平等关系，并主张交际双方能够彼此尊重、相互包容。在跨文化交际的过程中，跨文化意识主要体现在认知上，即对交际双方的思维产生作用，这种认知思维将对个体的行为活动产生重要的指导意义。此外，跨文化意识具有文化性，因此交际双方要对本民族文化与其他民族的文化都有所了解，进而提升跨文化交

第七章 英语教学与信息技术融合应用下多元教学评价体系的构建

际的意识。在互联网世界中，多元文化共同发展、相互交流，彼此之间的冲突和交融也体现得淋漓尽致，因此学生有必要提升自己的跨文化意识，主动适应和接受新的文化形式。

与此同时，在现代信息技术背景下的英语互联网教学中，情感态度评价和学习策略评价的重要性也要引起重视。情感态度中的合作精神、爱国意识、国际视野和学习策略中的资源策略、调控策略、认知策略都可以设为评价的指标。此外，有学者指出，在评价学习者的互联网学习效果时，要特别重视对学习者互联网综合学习能力的评价。学习者的互联网综合学习能力包括以下四个方面的内容。

第一，学习者的互联网学习能力，例如在互联网学习平台上发布信息的能力、浏览网页查找相关信息的能力和参与互联网相关话题讨论的能力。

第二，学习者的互联网学习态度。例如学习者愿意通过学习掌握使用互联网开展学习活动的方法和技术；学习者能够按照既定的网络课程安排完成学习任务；学习者愿意和网络平台的其他学习者开展交流；学习者在网络学习模式下能进行自我管理、自我学习等。

第三，学习者参与互联网交流与协作学习的能力。例如学习者在线上答疑环节经常向教师提问或回答他人的问题；学习者在需要小组合作完成项目的过程中能认清自己的角色定位、完成分配给自己的任务。

第四，学习者对互联网资源的利用能力。例如学习者经常在网络资源库中查询资料；学习者具有辨别和筛选网络信息资源的能力；学习者曾在网络平台发布有价值的资源供他人参考和学习等。

事实上，以上四种互联网综合学习能力可以归入情感态度和学习策略的范畴。学习者的互联网学习态度和学习者参与互联网交流与协作学习的能力归于情感态度层面，因为这两项内容关乎学习者个人参与学习的意愿和主动性；而学习者的互联网学习能力和对互联网资源的利用能力则可以归入学习策略的范畴，因为这两项内容与学习者开展学习的方式方法有关。

二、课程维度

网络课程是开展网络教学活动的载体，课程维度的评价至关重要，它主要包括以下几个方面的内容。

对课程目标进行评价

对课程手段进行评价　　　　　　　对课程内容进行评价

对课程模式进行评价　　　　对课程环节进行评价

图7-3　从课程维度出发构建多元教学评价体系的方法

（一）对课程目标进行评价

伴随着英语课程设计目标的国际化发展趋势，对网络课程目标的评价就是要看高校英语教育教学工作者是否将以下内容作为课程设计的主要目标：培养学生的国际视角，开拓学生的国际视野，通过开展网络课程教学帮助学生认识世界、走向世界，同时也让世界走进学校、走入学生眼中。

除此之外，在设置课程目标的过程中，英语教学工作者是否时刻关注本专业学科知识的更新以及本专业的学术发展动态，并通过适当引进国际化课程，为国际化人才的培养创造环境；英语教学工作者是否注重学生学习能力和认知能力的培养；是否根据教改和教学发展的实际需求，适当调节了英语各项技能培养在课程教学中的比例；是否以培养学生的跨文化意识和跨文化交际能力为最终目标。

（二）对课程内容进行评价

对网络课程内容的评价主要看网络课程内容的设计是否科学合理。英语课程教学的内容主要来源于根据教学大纲编制的教材，英语教材是课程内容教学的重点。英语课程教材本身有自己的学科知识体系，其体系结构完整、构建科学。然而，知识源于生活，英语作为一门语言，更是与人们的日常生活息息相关。因此，要评价网络课程的内容，就要看网络课程设计的内容是否与学生的生活实践息息相关，是否能引起学生学习的兴趣、培养学生的综

第七章　英语教学与信息技术融合应用下多元教学评价体系的构建

合语言应用能力。

此外，还要看英语教学工作者在进行网络课程设计的过程中，是否考虑到了学生的身心发展特征，是否使课程教学内容符合学生的身心发展规律和语言认知规律。因为通过语言认知规律我们可以得知，语言教学工作的开展必须考虑到学生认知水平的差异。根据学生的认知水平，英语教学工作者要采用不同的方法处理教学难点和教学重点，并适当采取分层教学方式，满足所有学生的英语学习需求，使每个学生的英语语言能力都能得到提升。

（三）对课程环节进行评价

随着社会的发展和时代的进步，越来越多的高校开始重视网络课程的环节设计，并且将网络课程的环节设计当作教育教学改革发展的重要组成部分。为了进一步响应英语教学改革的发展要求，提高英语网络课程设计的专业化水平，在未来的教学工作实践中，英语网络课程的教学内容会更趋向于应用性和实践性，教学形式会更加灵活、多样，课程设置会更加科学合理，课程设计的环节会更加规范。为了更好地完成英语课程环节设计的工作，高校英语教育教学工作者要认真研究教学大纲和课程标准，了解各个教学阶段的教学目标和教学内容，是课程设计满足教学开展的要求，进而保证教学目标的实现。

而要评价网络课程的环节就要看课程环节的设计是否规范。首先，要看在对每堂课进行设计时，英语教师是否明确了这堂课的教学目标，包括知识目标、技能目标、情感态度目标等；是否对本堂课教学内容中的重难点部分开展了科学、全面的设计，并安排好了这部分的呈现方法、练习方法，能够突出教学重点，达到良好的教学效果。在教学模式和教学方法的选择上，英语教师是否根据本堂课的教学内容和学生的认知特点、学习心理选择了最合适的方法、模式。

其次，要看英语教师是否规范了课程教学的过程设计，教学思路是否清晰明了，教学环节之间的衔接是否过渡自然。教学活动的组织、设计是否既具备一定的灵活性，又符合新课标倡导的方法规范。再次，要看英语教师所设计的课外活动、课外作业以及相关辅导活动是否遵循一定的规范，即不能完全按照教师的喜好随意设计。最后，要看教案的书写和作业的批改是否符合一定的规范。教案书写的规范化不仅体现为内容的规范化，还体现为形式的统一化。作业批改的规范化则主要表现为作业批改内容、形式、次数上的统一。

（四）对课程模式进行评价

伴随着高等教育改革的逐步深入，采用多层次的教学模式开展教学活动已经成为广大教育教学工作者努力的方向。与此同时，课程设计的模式也变得更加多元化，网络课程作为课程改革的先驱更要注重呈现多元化的设计模式。因此对网络课程模式的评价要看教师是否是在认识论、本体论等语言学习理论和教育学理论的指导下，以学生为中心，创建了开放的学习环境，采用了自主式、合作式等多元化的教学模式来设计网络课程；是否随着时代的前进和专业学科理论的发展，积极借鉴了其他相关学科的先进设计理念，丰富了本学科课程设计的理论研究和设计模式。因为事实证明，不仅社会学、语言学、教育学、心理学等一级学科对课程设计模式的发展具有指导意义，教育心理学、认知心理学、跨文化交际学等跨学科理论的研究内容也会对课程设计模式的发展起到积极的影响作用。

（五）对课程手段进行评价

随着多媒体技术与计算机技术的快速发展以及互联网的普及应用，现代教育技术作为一种先进的课程手段已经被广泛应用于网络课程的设计。因此要评价网络课程的技术手段，就要看广大英语教学工作者是否能够使用多媒体等现代化教学技术优化教学过程、提升教学效果。只是简单的图片、文本、动画或音视频应用已无法满足现代教学工作的目标与教学实践的需求，因此还要看英语教学工作者是否运用了图像的采集与处理技术、动画制作技术、数字视频处理技术、数字音频处理技术等现代化技术手段设计网络课程，是否熟练地运用了这些技术手段来呈现教学知识，把学习过程可视化，以达到更好的教学效果。

三、教师维度

（一）对教学理念进行评价

从教师维度出发构建多元教学评价体系首先要将教师的教学理念作为评

价的内容之一，具体分析，要看教师是否能树立先进的教学理念并将该教学理念应用到实际的教学活动中。例如能否在教学中保证教学语言的科学性与专业性，给学生树立良好的学习榜样；能否做到以学生为中心开展教学活动，时刻考虑学生的接受能力和学习体验；在进行教学设计或筛选教学材料时是否愿意听取并采纳学生的建议。

（二）对教学能力进行评价

从教师维度出发构建多元教学评价体系还要将教师的教学能力作为评价的内容之一，具体分析，要看教师是否熟悉自己负责的网络课程，能否熟练地使用网络支持软件开展教学活动；能否为学习者提供丰富的网络资源，帮助学习者开展深入的学习研究；能否设计科学、有效的教学活动，引导学生积极参与网络学习，并愿意与其他学习者进行协作学习；能否对信息技术环境下学习者的学习进行公正的、客观的评价，并就学习者存在的学习问题提出恰当的建议等。

在传统教学模式面临质疑和挑战的今天，未来的英语教学工作会给英语教学工作者带来更多的困难和挑战。英语教学工作者要想更好地适应英语教学改革发展的趋势，跟上现代化教学的步伐，就要不断地学习新的理念和新的技术；在教学实践中不断探索新的、多元的教学评价机制和手段，促进高校英语教学的进步与发展，在这一过程中，反思性教学发挥着重要的作用。因此要评价教师的教学能力，还可以看教师是否愿意通过反思性教学提升自己的教学能力。

1. 反思性教学概述

反思性教学的概念起源于美国，美国著名教育家杜威首先提出"反思性思维"这一概念，后续研究者将这一概念不断完善、发展，并与其他理论知识相结合，在不同的行业研究领域形成了大量的理论成果，体现在教育领域就是反思性教学理论。

所谓反思性教学，就是教师对于自身教学实践中的行为表现及其依据进行批判的考查，并根据教学实践提升教学方式的合理性，改进教学方法，提升教学质量的过程。反思性教学可以帮助教师将"教"与"学"有机结合，更加科学、审慎、合理地开展教学活动。具体分析，反思性教学有以下特点。

第一，反思性教学是教师对于自己的教学过程所进行的主动、积极的思考。

第二，反思性教学是一个持续的过程，需要教师在教学实践中不断审视、反思和修正自己的教学行为。

第三，反思性教学的主体是不可替代的，教师个体既是反思者，又是反思的对象，其反思的内容是自身的教学实践，无论是作为反思主体的教师，还是作为教学对象的学生，都具有独特性，是其他个体所不能替代的。

第四，反思性教学对于教学效果的提升具有显著的作用，这是因为反思性教学具有很强的针对性，针对教学过程中的不足进行改进，其核心目标就是使教学过程更具合理性，提升教学效果。

第五，反思性教学可以帮助老师更加容易地发现教学实践中的不足并及时作出调整。

第六，反思性教学要求作为反思主体的教师要具有开放的思维与强烈的责任心。

第七，反思性教学具有合作性。教师之间合作进行反思性教学对话与交流，可以更全面地分析教学过程中遇到的种种问题。例如对于教学过程中的不合理因素，有则改之无则加勉；对于教学过程中有价值的因素，可以借鉴学习，有选择性地融入自己的教学模式当中。

2.反思性教学的内容

（1）对于教学理念的反思

教学理念对于教学实践具有指导作用，因此，反思性教学要求教师首先对自己的教学理念进行反思，积极学习先进的教学理念，摒弃落后的、不适应当前英语教学要求的教学理念，勇于转变。

（2）对于教学方法的反思

对于教学方式、方法的反思也是反思性教学的重要组成部分，主要包括以下内容。

第一，在课堂教学中，理解性问题、开放性问题以及高层次问题提问的数量以及学生参与的人数和次数。

第二，开展语言知识教学所采用的方法与技巧。

第七章　英语教学与信息技术融合应用下多元教学评价体系的构建

第三，运用教学手段的技能。

第四，课堂教学的组织与管理。

第五，对问题学生的处理。

第六，对课堂上突发事件的处理。

（3）对于教学过程的反思

反思性教学还要求教师注意反思教学过程，具体要对以下几个方面的内容进行审视。

第一，教学角色是否符合教学材料、教学目标和学生需要。

第二，教学活动设计是否合理。

第三，教学活动实施是否与预期目标一致。

第四，教学技术的使用是否利于学生的语言学习与能力发展。

第五，教学条件、教学方法、教学措施的应用是否将理念与实践有机地结合在一起。

第六，教学时间安排是否合理。

第七，学生参与课堂学习活动是否积极，学生的学习效果如何。

通过对这些内容进行反思，教师可以理性地回顾自己的课堂教学行为，从中发现存在的不足与问题，在以后的教学中注意改进。

（4）对于教学效果的反思

反思性教学要求教师不仅要对自己的整个教学过程进行反思，还要对教学的效果进行反思。对于教学效果的反思需要分两方面进行分析，其一，从学生的角度考查，即学生对于英语教学的满意程度以及学生对于知识的掌握是否符合英语课程标准的要求。其二，从教师的角度考查，即教师在考查阶段内的教育活动是否对教师的个人教学经验和教学理念起到了丰富和促进的作用。

3.反思性教学促进教师专业创新

创新源自于对现状的反思，创新是对现行方法措施的改进。因此教师要通过教学反思发现现行教学方法或教学过程中的问题，促进互联网时代背景下教师的专业创新。在信息技术与英语教学融合应用的过程中，教师要时刻反思传统教学过程中存在的各种教学问题，对现代信息技术应用于教学过程中存在的各种问题保持探索的精神，在不断的探索与反思中寻找教学突破和专业创新。事实证明，教师只有通过不断的观察与反思才能发现自身教学中的不足之处，才能发现自身的专业素质在英语信息技术教育领域的局限性。

英语教师应当把英语教学当作一门应用能力教学，要重点培养学生的综合英语应用能力，包括英语的听、说、读、写、译能力，提高学生对英语的实际应用能力和跨文化交际能力。在此过程中，高校也要鼓励英语教师大胆质疑、为培养英语教师的批判意识和创新思维创造条件。虽然英语教学和信息技术的融合会导致英语教学面临新的挑战，但英语教师不应知难而退，而是应该凭借创新思维认真思考新阶段出现的新问题，探寻互联网英语教学的创新解决方法。

（三）对学习能力进行评价

从教师维度出发构建多元教学评价体系还要将教师的学习能力作为评价的内容之一。伴随着时代的发展，教学思维与教学模式的固化都会导致教学实践停滞不前，无法为教学活动注入新鲜的血液，进而导致教学无法满足学生个人发展的需要和社会建设的需要。这种情况之于教师本身来说亦是如此，学习如逆水行舟，不进则退，教师只有不断更新自身的教学知识体系，才能不断进步，不被时代所淘汰。因此评价教师的学习能力是评价教师综合工作能力的重要指标之一。要评价教师的学习能力，可以从以下几个方面出发。

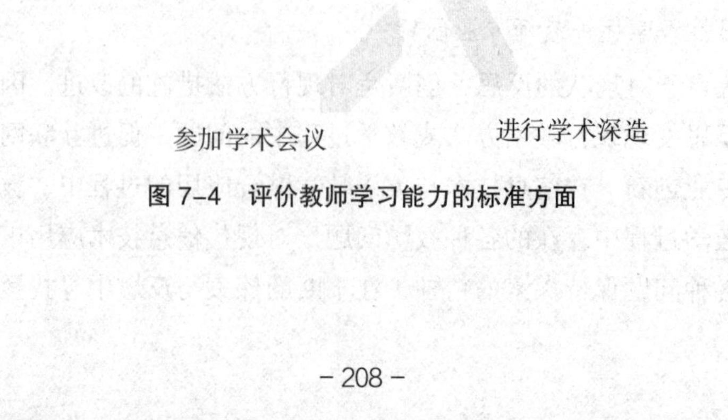

加入教师共同体

参加继续教育

树立终身学习的理念

参加学术会议　　　　　　进行学术深造

图 7-4　评价教师学习能力的标准方面

1. 看教师是否通过教师共同体进行学习与提升

（1）教师共同体的概念

教师共同体指的是为了促进教师的专业发展，教师群体本着合作、互助、共享、开放、发展的理念，以教学经验的交流与教学互助为主要内容组建而成的教师团体组织。

（2）教师共同体的作用

教师共同体的成员组成以教育者为主，成员可以通过教师共同体学习教育理论，交流教学经验，探讨教学问题。此外，教师共同体还具有一定的社会影响力，可以维护教师权益，为教师进行学习与自我提升创造更多的有利条件，具体分析，教师共同体的主要作用主要包括以下四个方面的内容。

第一，方便教师之间的交流。在教师共同体中，教师可以打破学科与教学环境的限制，自由进行互联网英语教学经验的交流与分享，共同分析并解决教学过程中遇到的问题，从不同的角度、不同的实践经验、不同的教学经历针对某一教学话题进行讨论，有利于开拓教师的教学思维，帮助教师从多角度认识教学活动，以及采取灵活的方式应对教学实践中出现的问题。

第二，帮助教师自主提升专业发展水平。教师共同体是教师自愿组成或加入的，没有外界的强制性要求，因此加入教师共同体是教师个体的一种带有很强积极性的主动行为。不同的教师共同体也具有自身独特的风格，同一教师共同体中的成员往往在很多方面具有相似性，例如教学理念、教育方式、教育技术等。具有相似品质的个体之间的交流会变得更加流畅、顺利，教师也会对该团体更有归属感，形成心理活动与实践活动的良性循环，帮助教师自主提升专业发展水平。

第三，有利于网络教学资源的即时共享。教师共同体的另一重要优点就是信息资源的共享，优秀的教师共同体同时也是一个蕴含着丰富智慧与庞大信息量的平台，教师在其中分享自身关于教学的种种观点，同时分享自己掌握的关于网络教学的相关信息。这种由大量个体之间分享信息资源的方式，可以保证信息资源更新的即时性，让教师可以在第一时间接触到新的政策、新的教学方式、新的教育技术等。

第四，为教师提供学习的平台。教师共同体还可以通过引入教育领域的专家与其他优秀教师的方式，引导他们分享使用信息技术开展教学活动的经验，进而从更加专业的角度分析教学活动，为教师的自我提升提供更多的学术和理论支持，提升团体内教师使用信息技术开展教学的专业水平，促进团体内教师的共同发展。①

2. 看教师是否通过继续教育进行学习与提升

进入工作岗位并不意味着教师学习阶段的结束，教师应该树立终身学习观念，既当"教师"，又当"学生"。教师通过学习不断提升自身的信息素养和教学素质，这既是教师实现专业发展的要求，同时也是国家教育事业发展的需要。

当今互联网时代的显著特点之一就是信息和知识的更新速度加快，新的教学理念与新的教学方式不断产生、更新，加之英语教育政策的不断调整，英语教师在学校中学到的信息技术知识，不可避免地会面临过时、老化、不符合现代教学实践等问题。因此，教师必须始终保持学习的心态，不能满足于现有的知识体系，不能禁锢在固有的教学模式之中，要勇于探索和学习新的信息技术知识，并付诸实践。

教师的学习途径总体分为两个方面，其一是自我学习与提升，这需要教师拥有充分的自我发展意识。其二则是教师继续教育制度下的一系列教师培训活动。让教师接受继续教育需要整合各类教育和社会资源，相关教育部门、综合类大学、师范性院校以及教育团体或组织需要相互沟通、相互协调、相互配合，实现信息与资源共享、教育与学习联动，进而提升教师在互联网时代背景下的教学能力。

作为教师的工作单位，教师所在的学校应该重视教师的继续教育工作，充分发挥其教育资源整合的作用，合理制定教师培训计划，并将其规范化、制度化，确保每位教师享有平等的培训机会。部分学校存在不重视教师继续教育的现象，认为教师的本职工作是教学，以教师现有的能力，负责该学习阶段学生的教学工作绰绰有余。这些观念显然是错误的。首先，时代是不断变化发展的，教育工作也应紧跟时代的步伐，不断变革与创新。其次，正所谓"磨刀不误砍柴工"，教师接受继续教育的目的是不断提升教师的专业素

---

① 刘雨蓓. ESP 教学方法改革与教师专业发展研究[M].青岛：中国海洋大学出版社，2019：176-177.

质,以适应中国教育的不断发展。教师在继续教育的过程中可以学习和掌握最新的教育技术与教育方法,然后再与实际教学相结合,将这些方法和技术运用到英语教学活动当中,可以更有效地提升教学效率,促进信息技术与英语教学的融合应用。

3.看教师是否通过学术深造进行学习与提升

伴随着信息全球化和教育国际化的发展,加上各国在政治、经济、文化等方面的合作与交流,使出国学习、交流的政策不断放宽,出国的手续办理也越来越简便;再加上英语教师本身具有的英语语言优势,有利于英语教师在国外开展学习和生活,因此,对于英语教师来说,出国进行学术深造已经不是一件遥不可及的事。

与此同时,学校的财政资助也为英语教师进行学术深造提供了必要的保障,对英语教师的长期发展和进步来说意义非凡。学术深造有助于英语教师在进一步提高自身专业知识的同时,了解相关学科的发展情况,涉猎新的研究专业和研究领域,拓展研究视野,更新教学理念,深入体验和研究英语民族的文化,提升学术水平和信息素养。

4.看教师是否通过学术会议进行学习与提升

定期参加专业学科的学术会议是提升高校英语教师信息素养和教育技术的重要途径。与英语专业学科发展和信息技术教学研究相关的学术会议为高校英语教师间的沟通交流与共同发展提供了良好的平台。来自世界各地的英语学者在学术会议上汇聚一堂,广泛学习各种专业知识,自由阐述自己的交流成果,与同行分享自己的信息技术教学研究经历,各抒己见,百家争鸣。

在论述和汇报过程中,英语教师的专业知识水平和信息技术教学认知水平得以提高。除此之外,学术会议上资源丰富,形式多样,电子会议、视频会议、电子公告板、网上论坛等形式的交流手段更是为英语教师获得学术信息和资源提供了便利。因此,经常参加学术交流,不仅可以加深教师自己对信息技术教学理论的理解,还能明确互联网英语教学发展的方向。

5.看教师是否树立了终身学习的理念

经济全球化、文化多元化和互联网信息技术的发展,为知识的获取和信息资源的流通提供了便利的条件,基于这种发展现状,教师要进一步确立终身学习的理念，通过不断的学习丰富自己的信息技术知识，提升自己的信息素养和信息化教学能力。学无止境，尤其在这样一个信息和技术更新换代速度非常快的时代，不学习新知识、新理念和新技术就会落后，就会被淘汰。除此之外，教师职业的特殊性也要求教师树立终身学习的理念。教师每天要面对的对象是学生，学生接受新思想、发现热点问题的速度都很快，因为他们都会使用手机、平板电脑等各种智能设备，都非常关注各类信息的变化，因此如果英语教师不积极利用互联网信息技术上网更新自己的知识储备和信息素养，就会跟不上高校学生的认知动态和思想变化，就不能理解他们的关注点和兴趣点，因而就不能与学生进行顺畅沟通，不利于教学活动的开展和师生感情的培养。

四、技术维度

技术维度是网络课程区别于传统课程的特殊维度。技术维度的内涵主要包括技术的可靠性、适当性和兼容性，这是网络课程质量的前提和基本保障。在对网络课程的技术维度进行评价时，可以从以下几个方面入手。

第一，是否有简明易懂的运行环境说明。

第二，网络课程的安装是否方便快捷。

第三，网络课程所使用的多媒体技术是否成熟。

第四，网络课程的运行是否稳定、流畅。

第五，如果不想使用，网络课程的卸载是否方便。

参考文献

[1] 唐俊红.互联网+英语教学[M].北京：新华出版社，2018.

[2] 徐道平，王凤娇，赵卫红.互联网时代下高校英语教学研究[M].长春：吉林人民出版社，2019.

[3] 苑丽英.互联网+视域下大学英语教学的创新探索[M].长春：吉林人民出版社，2019.

[4] 王磊著.互联网+背景下高校英语有效教学研究[M].长春：吉林人民出版社，2019.

[5] 程亚品."互联网+"时代下信息技术与英语教学的深度融合[M].天津：天津科学技术出版社，2019.

[6] 黄燕鹂."互联网+"背景下大学英语教学体系的反思与重建[M].成都：电子科技大学出版社，2018.

[7] 陈莉.英语教学与互联网技术[M].北京：光明日报出版社，2017.

[8] 张迎春.互联网+背景下高校英语教学创新研究[M].北京：中国原子能出版社，2021.

[9] 蒋春丽.互联网+视域下大学英语教学新模式的研究[M].北京：中国书籍出版社，2021.

[10] 孙博."互联网+教育"视阈下大学英语教学的路径选择与构建[M].长春：吉林科学技术出版社，2021.

[11] 李静,容蕾蕾.基于信息技术发展的高校英语教学现状和创新——评《信息时代大学英语教育现状与教学模式探究》[J].中国科技论文，2022,17(05):600.

[12] 张昱.现代信息技术在高校英语教学中的科学运用研究[J].数据，2021(12):151-152.

[13] 郑如薇.基于教育信息化背景下高校英语混合式教学模式研究[J].科学

咨询(科技·管理), 2021(12):138-140.

[14] 牛美书. 现代信息技术与高校英语教学科学融合研究[J]. 数据, 2021(11): 143-145.

[15] 潘丽. 信息技术对高校英语教育教学的影响——评《信息化教育与英语教学》[J]. 中国科技论文, 2021, 16(06):702.

[16] 李娅. 信息技术在高校英语教学创新中的运用探讨[J]. 英语广场, 2021(17): 117-120.

[17] 王理. "互联网+教育"背景下高校英语教学策略研究[J]. 教育理论与实践, 2021, 41(15):56-58.

[18] 付小谧. "互联网+"思维模式下高校英语教学策略探究[J]. 湖北开放职业学院学报, 2021, 34(09):158-160.

[19] 李琳, 李春霞. 信息技术在高校英语教学中的融合与发展——评《信息技术环境下的英语教学研究》[J]. 中国科技论文, 2021, 16(02):246.

[20] 张娟. 新媒体时代信息技术在高校英语教学中的应用——评《高校英语信息化教学改革与微课教学模式探究》[J]. 中国科技论文, 2021, 16(02):248.

[21] 李思元. 基于信息技术的高校英语教学创新[J]. 绿色科技, 2020(23):258-260.

[22] 王民红. 新媒体时代信息技术在高校英语教学中的应用——评《新媒体在英语教学中的有效应用研究》[J]. 中国科技论文, 2020, 15(12):1464.

[23] 刘亭亭, 吕大. 信息生态视域下高校英语教学中信息化移动学习创新路径研究[J]. 情报科学, 2020, 38(12):134-139.

[24] 刘爽. 信息技术在高校英语教学中的应用分析[J]. 计算机产品与流通, 2020(11):236.

[25] 张露月. 信息技术背景下基于网络学习共同体的高校英语教学与教师发展研究——评《信息技术环境下大学英语及其教师专业发展研究》[J]. 中国科技论文, 2020, 15(07):862.

[26] 张蕾. 现代信息技术背景下大学英语教改的优化与转向[J]. 黑龙江教师发展学院学报, 2020, 39(07):145-147.

[27] 韩娜娜. 现代信息技术与高校英语教学融合发展研究——评《高校英语信息化教学研究》[J]. 教育发展研究, 2020, 40(12):86.

[28] 刘珊珊. 信息技术在高校英语教学中的应用——评《高校英语信息化教学改革与微课教学模式探究》[J]. 中国高校科技, 2020(05):110.

[29] 李万立. 网络信息技术在高校英语教学中的应用研究——评《信息化时代高校英语教学研究》[J]. 中国科技论文, 2019, 14(11):1271.

[30] 李宏娟. 高校英语教学翻转课堂的信息化建设探讨[J]. 佳木斯职业学院学报, 2019(10):150+152.

[31] 张贝贝. 新文科背景下高校英语融合现代信息技术的教学改革创新与实践[J]. 科技视界, 2022(14):125-127.

[32] 刘茜. 信息化教育下高校英语教学模式改进研究——评《信息化背景下大学英语教学研究》[J]. 科技管理研究, 2022, 42(07):258.

[33] 仲秋. 新媒体视域下高校英语教学方法的改观优化与实践思考[J]. 英语广场, 2022(03):98-100.

[34] 杨楠. 信息化时代高校英语教育转型路径及意义——评《信息化时代高校英语教学研究》[J]. 中国科技论文, 2022, 17(01):119.

[35] 叶丹. 慕课视角下高校英语的混合式教学模式探究[J]. 英语广场, 2021(27):112-115.

[36] 王慧, 崔艳清. 多媒体技术在高校英语教学中应用的利与弊分析[J]. 中国多媒体与网络教学学报(上旬刊), 2021(08):4-7.

[37] 顾晓岚. 信息化环境下高校英语教学现状及应用研究[J]. 大学, 2021(25):53-56.

[38] 江岚. 高校英语教学改革与创新路径初探[J]. 大学, 2021(11):136-137.

[39] 高洋, 王晓晨. 信息时代高校英语教育教学理论基础研究——评《信息时代大学英语教育现状与教学模式探究》[J]. 教育发展研究, 2021, 41(01):2.

[40] 王李岩. 利用信息技术提高英语教学的策略分析[J]. 科学咨询(科技·管理), 2020(49):94.

[41] 宁晓静, 李亮. 信息技术背景下高校英语混合式教学模式研究[J]. 北华航天工业学院学报, 2020, 30(05):39-41.

[42] 杨君. 基于信息化背景下的高校英语教学探究[J]. 科技资讯, 2020, 18(23):164-166.

[43] 李媛媛. 信息技术在高校英语教学中的应用——评《信息技术教育应用》[J].

中国科技论文, 2019, 14(10):1179.

[44] 龙金顺. 信息技术在高校英语教学中的应用研究——评《信息技术与英语教学融合研究》[J]. 中国科技论文, 2019, 14(10):1177.

[45] 曲晓慧. 新时期翻转课堂教学模式在高校英语教学中的应用探究[J]. 文化创新比较研究, 2019, 3(25):161–162.

[46] 张金钰. 在高校英语教学中应用翻转课堂教学模式研究[J]. 海外英语, 2019(16):257–258.

[47] 顾菲. 教育信息技术下,以"互联网+"助推高校英语教学改革[J]. 教育现代化, 2018, 5(13):163–164.

[48] 张晓慧. 建构主义视阈下现代信息技术与高校英语教学的优化整合[J]. 中国管理信息化, 2017, 20(12):206–207.

[49] 杨闻宇. 信息技术支持下的高校英语教学模式优化研究[J]. 科技资讯, 2016, 14(30):111–112.

[50] 王玥晴. 合理应用多媒体信息技术 优化高校英语教学[J]. 中国成人教育, 2015(08):151–153.